U0589476

侧写师：

用犯罪心理学
破解社交密码

余惠英 韩伟华 编著

中国纺织出版社

内 容 提 要

人生如戏，我们每个人都在扮演着不同的角色。借鉴犯罪侧写师的读心与侧写技术，就能帮助我们轻松了解他人的真实心理，正确处理好人际关系。

本书列举了大量的实例，并从借鉴犯罪心理学的角度给予了深度的剖析，内容涉及社交、职场、婚恋关系等多方面，由表及里、层层深入，引导读者朋友们学会洞察他人的心理，进而轻松掌握人际关系中的主动权，做人际博弈的大赢家。

图书在版编目（CIP）数据

侧写师：用犯罪心理学破解社交密码 / 余惠英，韩伟华编著.—北京：中国纺织出版社，2018.9（2019.1重印）
ISBN 978-7-5180-5115-1

Ⅰ.①侧… Ⅱ.①余… ②韩… Ⅲ.①犯罪心理学—通俗读物 Ⅳ.①D917.2-49

中国版本图书馆CIP数据核字（2018）第120173号

责任编辑：闫 星　　特约编辑：王佳新　　责任印制：储志伟

中国纺织出版社出版发行
地址：北京市朝阳区百子湾东里A407号楼　邮政编码：100124
销售电话：010—67004422　传真：010—87155801
http：//www.c-textilep.com
E-mail：faxing@c-textilep.com
中国纺织出版社天猫旗舰店
官方微博http://weibo.com/2119887771
三河市宏盛印务有限公司印刷　各地新华书店经销
2018年9月第1版　2019年1月第2次印刷
开本：710×1000　1/16　印张：13
字数：161千字　定价：36.80元

前言

在我们的生活中，相信不少人都听到过"犯罪心理学"这一名词，然而，对"犯罪侧写"和"犯罪侧写师"并不熟识，事实上，对于很多案件真相的揭开，侧写师都起到了关键作用，因为侧写师可以根据一个人的行为方式，从而推断出这个人的心理状态，分析出其性格、生活环境、职业、成长背景等，最终锁定目标人。

的确，无论案件多么复杂，这些侧写师们总能抽丝剥茧，找出真相，让犯罪分子无所遁形。其实，这些侧写师们都是高明的犯罪心理分析师，人们的微表情、微动作等都能成为他们洞察人心的关键信号。犯罪侧写师告诉我们，学会侧写，能让你用极短时间了解一个人，看穿他的内心！

事实上，不仅侧写师们需要掌握洞察人心的技术，我们在社交生活中也需要如此。在日常的工作和生活中，我们每个人都要和各种各样的人打交道，但并不是每个人都会以真面目示人，当然，人们隐藏自己的内心，原因各种各样。对于你每天面对的那些人，你真的了解吗？他们是表里如一，还是信口雌黄？对于自己的领导或同事，你又知道多少？

我们都知道，不管你是有出众的能力、渊博的知识，如果你读不懂对方的心理，也很难保持良好的人际关系。

其实，正确认识和判断一个人并不难，只要我们能学会细心观察他的表情、说话的语气和他的举止，就能够知道他内心的真实想法。这也是一种侧写术，因为在一些微动作背后，都隐藏了一定的秘密，比如，对方的服饰打扮乃至一个细小的装饰品，也能透露他的性格、品位。当然，他人的一些生活习惯，比如吃相醉态、消费方式、口头禅、看电视的习惯等也是他们的性格和行为状态的外显……除此之外，在具体的环境下，我们最好要学会实施一些心理小策略，无论在是职场、社交场合还是恋爱中，掌握他人的心理动态，然后对症下药，都能让我们说对的话、做对的事，然后达到我们想要的结果。

可以说，本书就是一本实用的心理学教程，翻开这本书，你会发现，侧写术与我们心理学上的读心术有着异曲同工之妙，教你借鉴犯罪心理分析术，通过蛛丝马迹洞悉他人内心，提升你的社会交往和人际沟通能力，从而用一种正确的方式来应对周围形形色色的人，助你到达成功的彼岸，赢得幸福的人生！

编著者

2017年11月

目录

第 1 章

了解侧写术，犯罪心理学中的专业说服控制术

在案件调查过程中，有一种常用的调查手段——犯罪侧写，它在分析犯罪以及犯罪手法的基础上识别罪犯，随之出现的是一种职业的诞生——犯罪侧写师。犯罪侧写师的突破口有很多，而任何一个突破口都是一种心理状态的外显，事实上，我们也可以将侧写术运用到人际交往中，这样，无论是职场、社交场合还是恋爱中，掌握他人的心理动态，然后对症下药，都能让我们说对的话、做对的事，然后达到我们想要的结果。

了解犯罪侧写与侧写师

我们都知道，人们常常提及的"心理学"有众多分支，而且能被应用到很多方面，其中就有犯罪心理学，所谓犯罪心理学，是研究影响和支配犯罪人实施犯罪行为的心理结构形成发展和变化规律，以及犯罪对策的心理依据的一门学科，是一门介于犯罪科学和心理科学之间的交叉学科，既具有很强的理论性又有很强的实践性。它从心理学角度研究犯罪人形成犯罪心理和发生犯罪行为的原因过程和规律，为公安司法机关揭露和惩戒犯罪以及预防犯罪、矫治犯罪提供心理科学依据和方法。

事实上，有犯罪心理学就有侧写，那么，什么是侧写呢？

所谓侧写，指的是根据罪犯的行为方式推断出他的心理状态，从而分析出他的性格、生活环境、职业、成长背景，等等。这种对罪犯的心理画像被称为profile（一般译成侧写，也有翻译成剖绘的）。

罪犯侧写，起源于1940年，当时的美国战略情报局（中央情报局前身）要求精神病学家威廉·兰格侧写阿道夫·希特勒的心理。

而犯罪侧写师，开始于20世纪70年代，是一种经过专业训练的特殊职业。侧写师们通过对作案手法、现场布置、犯罪特征等的分析，勾画案犯的犯罪心态，从而进一步对其人种、性别、年龄、职业背景、外貌特征、性格特点乃至下一步行动等做出预测，以便警方缩小搜捕范围，及时制止犯罪行为的延续。

第二次世界大战之后，英国的精神病学家利昂内尔·哈瓦特在英国皇家空军中工作，侧写了一串纳粹的高阶战犯可能表现出来的行为特征，以期能从一群被捕的士兵和飞行员中找出他们。

当年Brussels分析炸弹疯子的方法跟普通的精神病医生的方法正好相反，普通的方式是根据病人的心理特征预测他未来的行动，Brussels则是根据罪犯的行为方式推断出他的心理状态，从而分析出他的性格、生活环境、职业、成长背景等，这种对罪犯的心理画像被称为profile（一般译成侧写，也有翻译成剖绘的）。

基本侧写是一项常用的调查手段，它在分析犯罪以及犯罪手法的基础上识别罪犯。但也有人担忧警察局滥用侧写，因为一些人与罪犯有某些共同之处——或更有甚者仅因肤色便侵扰甚至逮捕这些人。但也有人主张，在这样一个恐怖主义和暴力犯罪肆意的年代，我们不得不依据犯罪形态而调查某些人，哪怕这种怀疑是基于一个人的种族。

最基本的侧写是通缉（BOLO）或全境通告（APB）。全境通告是指对被控犯有特定罪行的特定嫌疑人的描述，一般根据目击者的口供做出。

例如，银行抢劫案发生后，警方可能目击到犯罪嫌疑人，或者在查看监控录像后发布如下全境通告：有人最后看到嫌疑人进了一辆深蓝色的福特皮卡。他当时身穿红色T恤、黑色牛仔裤。嫌疑人是一名白人男子，身高约1米78，身材瘦削，金发，发缘后缩，左前臂上有蛇形纹身图案。

在侧写中描绘肤色很平常，一般不会引起争议。这不过是根据在犯罪现场收集的视觉证据所做的体貌特征描述，并不对其他白人（或在这件事上对有蛇形纹身、金发、发缘后缩的人）做任何评判。

我们可以将侧写进行分类：

1. 预测性侧写

预测性侧写让犯罪侧写更具争议性。与依据某起特定犯罪行为的证据查找特定的嫌疑人不同，预测性侧写试图推测哪类人有可能会去犯尚未犯下的罪行。

这种侧写本身并不是什么革命性的构想。警察并不仅仅对犯罪做出事后反应，他们进行巡逻、监视并试图发现可能揭示潜在犯罪行为的蛛丝马迹。

很少有人质疑警察是否有调查可疑情况或询问可疑人物的权力。警察局甚至能以犯罪侧写为由实施搜查和抓捕行动，这已得到联邦最高法院的认可。

2. 种族侧写

"9.11"后的犯罪侧写

2001年美国在"9.11"事件中受袭（以及后来对美国和世界其他地方的恐怖袭击）之后，美国格外关注机场安全调查。评论家指出，超出正常比例的"带阿拉伯体貌特征"人在机场安全检查站被扣留、搜查或盘问。

一些人认为根据"9.11"恐怖分子的种族背景，这么做合乎情理。然而，这种行为可能违反公民权利法规，至少有专家曾指出仅针对中东人群的做法弊大于利。

3. DNA侧写

2000年以来，DNA检验取得的进展使一些公司声称他们仅依据犯罪现场遗留的生物证据就可以确定某个人的人种特征。如果这类检验经得起科学的验证，那就可以认为这类验证类似于目击证人提供的体貌特征描述。

例如，如果警察知道嫌疑人是亚洲人种，他们就可以缩小调查范围，专门调查亚洲人。不过，警察使用这些信息的方式可能引发争议——在弗吉尼亚州的夏洛茨维尔市，警察盘查与嫌疑人的种族侧写吻合的人，并随意地要求人们主动接受DNA检验。由此引发了侵扰诉讼。

微反应是侧写不容忽视的信息传递员

我们都知道，警察往往是运用心理学的高手。比如，他们在抓捕罪犯的时候，假如罪犯混在人群中，实在难以辨别，这时警察会大声叫这个罪犯的名字。结果，人群中一定会有人应一声或者回头，而这个人基本上就是罪犯。心理学家分析，这时罪犯处于高度紧张的时期，忽然听到有人叫自己的名字，总会下意识地做出第一反应。

这就是微反应，其实，一个人的眨眼、回头、写下自己的真实姓名都是属于微反应，这主要指的是人在受到有效刺激的一刹那，表现出的不受思维控制的真实反应，它一方面包括眨眼、扬眉、皱鼻子等细微的面部表情；另一方面还包括耸肩、回头、颤抖等身体的细微动作。

有一次，几位警察在机场巡查，他们的目标是找出一个潜逃中的连环杀手。他们知道，这个人很有可能已经易容改装，想要抓到他并不是那么容易，因此他们提高警惕，四处寻找，不错过蛛丝马迹。

但是在找了将近半个小时之后，警察们依旧一无所获。这时候从机场外面进来一个人，看起来和其他人并没有什么区别，向着登机口走去。这时一个机场的安保人员从他身边经过时，不小心撞了他一下，那个安保人员马上向他道歉，他仅仅是点点头，并没有说话。

而这一切都被警察们看在眼里，警察们注意到，在安保人员和他身体接触的那一刹那，他的脚马上摆出了一前一后的姿势，类似于运动员在起跑线上所采用的起跑动作，这是最典型的逃离反应。警察们马上前去"请"他谈一谈，果然，这个人正是警察们要找的那个连环杀手。

警察们之所以判断那个人有问题，是因为对于一个普通人而言，机场安保并不能对他们构成威胁，因此不会因为安保人员碰他一下就产生逃离反应，而这个人却表现出了明显的逃离反应，只能证明他心里有鬼。

可以说，微反应是一瞬间的真实反应。比如，我们都有很深的体会，小时候玩过这样的游戏：两个人面对面站着，一个人忽然伸出一只拳头作势要打对方的眼睛，这时虽然原本两人的关系很好，对方的眼睛还是会快速地眨一下，头微微向后仰做出逃避的动作。不管我们与多少人玩这个游戏，不管与多么熟悉的人玩这个游戏，被打的一方总是会条件反射般地眨眼和仰头。这与两人之间的信任毫无关系，而是源于身体本能的反应。

有时候，当我们收到一位老朋友寄来的一封信，假如信封上有勾抹的痕迹，那我们会从信封的落款上一眼就会看出写信人用的是假名字。因为在正常生活中，很少会有人会写错自己的名字。

那么，什么是微反应？心理学家认为最核心的特征和判断标准是，它必然是第一反应，指的是人在接受外界刺激之后，下意识的反应，是没有经过任何思考的，带着原始的动物性和人类本能。心理学家表示，第一反应可以反应一个人的真实想法，这个观点也被大多数人所认可。

比如，许多媒体总喜欢探究人的第一反应，一条"诺贝尔奖委员会成员、文学奖宣布者对记者说，当他电话告知莫言获得诺贝尔奖的消息时，莫言的反应是：he was over joyed and scared（他狂喜并惶恐）"的新闻比莫言获奖后的公开演讲更能吸引读者，因为大家都想知道他获奖之后的真实反应。

微反应是转瞬即逝的，如闪电般，当理性的光芒作用于人的大脑时，第一反应的"露"会被快速压制，第一反应就好像我们看到的闪电一样，只有短短一瞬间，难以将其捕捉。比如，当人们发现自己撒谎成功之后，会情不自禁地做出嘴角上翘的动作，不过这个动作会持续不到五分之一秒，几乎是看不见的，难以察觉的。心理学家认为，真正吃惊的动作只能持续一秒钟，超过这个时间的动作都是假装的、有目的的。

微反应是符合人性的，不过并不一定合乎理性和道德。基本上所有的微反应都源于人类内心深处自我保护等自私的愿望，它可以反应当事人瞬间的情绪，这个情绪有可能是正面的，也有可能是负面的。比如，战场上的士兵，当他们听到敌军枪声那一刻，第一反应就是逃跑，不过这种反应是很短的，而且会被内心随之而来的道德和理性否定，所以并不影响整个事件的结果，同时也不妨碍这个士兵的道德水平。

人虽然只是人，但人类这个种群相比其他动物而言，却有一些特殊的地方。尽管人跑得不快、跳得不高、飞不起来也没办法潜入海里去。不过我们的头脑比其他动物都发达，所以我们会学习、会创新、会使用高科技工具。当然，由于人类的头脑灵活，所以人类谎言和欺骗的方式也越来越高明。

但是，心理学家需要说明的是，当人类受到危及生存和繁衍的威胁时，还是会退回到动物的水平。在这时候人的动物性反应将会取代人的理性"做作"而赢得控制权，通过各种微小的反应，将内心的情绪和想法展露无遗。

观察微行为，识破他人谎言

在美剧《别对我撒谎》中，主人公卡尔用令人意想不到的方法轻松破案，在一个小故事中，没有逼供，没有物证，只是和爆炸案嫌疑人聊了一会，捕捉到了对方耸肩、吸鼻子等几个转瞬即逝的表情、动作，便以此作为线索找出了爆炸物的安置点，这样的识别无疑让人目瞪口呆。

或许，有人会疑惑：他凭什么线索破案呢？其实，这里，卡尔就是运用了犯罪心理学中的侧写法，的确，犯罪心理学认为，即便表情是可以伪装的，但转瞬即逝的微表情却是异常真实的。善于识别人心的人，他们往往是利用脸部细微表情动作，分析观察者的肢体语言和微表情，按照这些判断对方言语背后的真正意思，然后判断对方是否在撒谎。

的确，人们所表现最显著、最难掩的部分，不是语言，而是下意识的行为。人人都会说谎，但世界上没有不能被看穿的谎言。因为人在说谎的时候，出于心理因素异常，他们常常会辅之以动作。通过这些动作，我们往往可以阅读说谎者的心理状况。那么，具体来说，人在说谎时就会有哪些微动作呢？

1. 摸鼻子

摸鼻子的姿势是护嘴姿势比较世故、隐匿的一种变化方式。它可能是轻轻地来回摩擦着鼻子，也可能是很快地触。女性在做这种动作时，会非常轻柔、谨慎，因为怕脸上的妆被弄糟了。曾有心理学家称：当不好的想法进入大脑之后，下意识就会指示手遮着嘴，但到了最后关头，又怕表现得太明显，因此，就得是很快地在鼻子上摸一下。摸鼻子和遮嘴一样，摸鼻姿势在说话人使用时则表示欺骗，在听者来说则表示对说话者的怀疑。

2. 掩嘴

当人们用手遮嘴，拇指压着面颊，那么，他的潜意识中是大脑指示手做这样的姿势以压制谎言从口而出。有时只是几只手指，有时整个拳头遮住嘴巴，但意思都一样。遮掩嘴巴，是想隐藏其内心活动的特有姿势。

3. 拉衣领

心理学家称，当人们说谎时，在面部和颈部之间的组织会产生一定的刺痛感，因此，他们可能会无意识地拉一拉衣领，以减少这种感觉。

4. 搓耳朵

有些人在说谎时，会不停地用手拉耳垂或将整个耳朵朝前弯曲在耳孔上。

5. 揉眼睛

一般来说，男女说谎时揉眼睛的动作不同，男人在说谎时，常常转移视线，如用眼睛看着地板。而说谎的女人，一般都是在眼的下方轻轻地揉。

心理学家认为，我们不仅可以从一个人的面部表情识别其话语的真实性，更可以通过其肢体动作看出其话语的真实性。因为说谎是一种复杂的行为，要做到让人相信，需要动员全身的器官共同"演戏"。一般来说，无论一个人的说谎技术如何高明，为了掩盖谎言，他都会无意中做出一些小动作，因此，善于观察的人，光看一个人的动作就可以断定对方是在说谎。

总之，聪明的人不会只听交往对象的语言，而是还会观其微动作，因为言语可以用假装来掩盖，而微动作的真实性却高得多。

解读身体语言要综合多种因素

前面，从犯罪侧写的了解中，我们可以发现，一个人的性格、人品乃至细微的情绪变化都溢于言表，一个人的内心世界也不可能没有外泄的部分，一个人在坐立行走时表现出来的身体语言就是很好的表露，只要我们善于发现，然后加以分析，即使"伪装"得再好的人，我们也能发现破绽。

然而，人的身体部位在不同环境、情景以及受到不同的生理作用的影响时，它们所传达的心理讯息是不同的，只有综合考虑各方面的因素，才能帮助我们正确地做好心理分析。可能你经常听到身边的人这样说：

"他今天居然连胡子都没刮，一定是跟女朋友吵架了。"

"开会时老板一直看着我，对我点头微笑，一定是觉得我表现很好。"

"他说话一直在搓手，肯定有强迫症。"

……

有些人喜欢这样揣测他人的心理和情绪，而实际上，这些揣测并不一定正确，原因很简单，他们对他人的身体语言的分析并不到位，比如说"胡子没刮"，原因有很多种，可能时间不够，可能是其他生活问题，把原因归结于"和女朋友吵架"未免太过武断；"开会的时候老板的笑容"可能是针对所有人的；喜欢"搓手"，也有可能是因为紧张，并不完全是因为强迫症导致的……

很明显，如果要正确解读他人的身体语言，我们必须要综合考虑，掌握一些解读的规则，这些规则有：

1. 理解要连贯

一些人经常会犯一个最致命的错误，那就是将研究对象的某个动作或者表情分离开，他们忽视了其他相联系的表情、动作，然后孤立、片面地解读他人的肢体语言。

比如，在与人说话时，他们看到对方挠头，就以为对方是尴尬，其实，挠头的原因有很多，比如，去头屑、头痒、不确定、健忘或者撒谎等，所以，其具体含义应当取决于同时发生的其他表情和动作。

其实，和句子一样，我们说的每句话也是可以分解的，可以将其分解为词组、标点等，每一个表情或动作就好比一个单词，而每一个单词的含义都不是唯一的。

因此，只有当你把一个词语放到句子里，配合其他词语一起理解时，你才能彻底弄清楚这个词语的具体含义。以"句子"的形式出现的动作或表情被称为肢体语言群，就好比我们如果想说一句话，就至少需要用三个词语来组织才能清楚地表达说话的目的。可以这么说，如果一个人能够读懂无声的肢体语言长句，并且准确地将他们用有声的话语表达出来，那么，他的"感知力"一定很强，或者说他的"直觉"一定很灵敏。

所以，如果你想获取准确的信息，就应该连贯地来观察他人的肢体语言。

当我们感到无聊，或是有压力的时候，我们常常会不断地重复做一个或者多个动作。不停地摸头发或玩头发就是这种情况下我们最常见的一种表达方式，可是，假如不考虑其他动作或表情，同样的动作却很有可能表示这个人心中很焦虑，或是不确定。

2. 寻找一致性

研究表明，通过无声语言传递的信息所产生的影响力是有声话语的五倍；而且当两个不同的人进行面对面交流的时候，尤其当这两个人都是女人的时候，她们几乎会全部依赖无声的肢体语言进行交流，而无视话语所传递的信息。

西格蒙德·弗洛伊德曾经遇到过一个案例。案例中，病人告诉他，她的婚姻生活十分幸福。在谈话中，这位病人不断地将她的结婚戒指取下，然后又戴上。弗洛伊德注意到了她这一无意识的小动作，他很清楚这意味着什么。所以，当有消息传来她的婚姻出现问题时，弗洛伊德丝毫不感到惊讶，因为一切都在他的意料之中。

观察肢体语言群组，注意肢体语言与有声语言的一致性就好比两把金钥匙，能够帮助我们打开肢体语言的宝库，从而正确地解读出无声语言背后的真正含义。

3. 理解要结合语境

对所有动作和表情的理解都应该在其发生的大环境下来完成。

举个很简单的例子，在地铁里，寒风瑟瑟，你看到一个人，他双手抱在胸前，那么，你应该很清楚的是，他这样做，并不是为了保护自己，而是为了取暖。遇到同样的情况，如果放到谈判桌上，那么，对方的意图就是自我保护，你应该明白，他其实是想借此告诉你，他对你的话持否定的态度，或者他对你持有敌意。

身体就像一个无法关闭的传送器，时刻传送着人们的心情和状态。语言通常用来表达正在思考的东西或概念，而非语言信息则较能传递情绪和感受。因此，在解读时，必须要综合多方面因素考虑。

借助微动作拉近心理距离

前面，我们分析过侧写师是如何借助人的微行为来对罪犯进行分析的，而这一点，不仅可以运用警察破案，也可以运用到我们的社交生活上，的确，通常来说，我们会以为交际的技巧在于口头语言上，而实际上，这只是人们的主观感受，事实并不是如此。人们使用最频繁的是非语言的交谈方式，这就是人们常说的"肢体语言"，它通常是在说话之前就已经表达出了我们的感觉和态度，反映了我们对他人的接受度。有数据显示，一个人要向外界传达完整的信息，单纯的语言成分只占7%，声调占38%，另外55%的信息都需要由非语言的体态来传达。而且因为肢体动作通常是一个人下意识的举动，所以，它很少具有欺骗性。

既然微动作在人际交往沟通中起着如此重要的作用，那么在交谈的时候，一定要注意肢体动作的利用。尤其是与陌生人交往的时候，善用微动作，更能有效地拉近彼此间的距离。

这需要我们从现在起，尝试使用这些肢体动作：

1. 接触

就比如握手，这不仅是一种礼节，更能体现你的热情与友好，几乎所有人都喜欢这种身体接触。

比如，参加聚会时应先与主人握手，再与房间里其他人握手。男士与女士握手时需待女士先伸出手，而不能主动与女士握，握时轻握女士的手指部分，不要握手掌部分。不要随便主动伸手与长者、尊者、领导握手，应等他们先伸手时才能握。对方可能未注意到自己已伸手欲与之相握，因而未伸手，此时应微笑地收回自己的手，无须太在意。

2. 展开你的笑颜

人们对于那些总是报以微笑的人似乎总是多一份好感。微笑是一种易于被接受的非言辞信号，给人以友好、热情的印象。

当我们对他人微笑时，传递的是友好、渴望沟通的信息，对于对方来说，也自然能感受到你的暗示，那么，他们通常都会同样以微笑来回答你。

很多心理学家也都指出，微笑是与人交流的最好方式，也是个人礼仪的最佳体现。我们可以从日常观察中发现，没有谁喜欢看到与之交往的对象愁眉苦脸的样子。因此，你若希望给对方留下一个好印象，就一定要学会露出受人欢迎的微笑才行。

当然，你应该注意的是，微笑并不是简单的脸部表情，它应该体现整个人的精神面貌。所以，我们可以在平时多对周围的人发自内心地微笑。这样，就能避免在与他人沟通时僵硬地笑了。

当你闲来无事时，可以尝试以下这种训练微笑的方法：先坐在镜子前，整理一下自己的衣服，闭上你的眼睛，调整你的呼吸使之匀速。然后开始深呼吸，让你的心静下来，接下来，睁开眼睛，你看到镜子里的你是不是看着清爽了很多，既然如此，那么，笑一笑吧：让你的嘴角微微翘起，舒展你的面部肌肉。如此反复。训练时间长度随意。这是一种最常见并有效的训练方法。

3. 张开你的双臂

这是一个热情的动作。可以想象，当你遇到某人的时候，如果他交叉双臂站着或坐着，说明他很冷漠，一点也不高兴。因此，当你交叉双臂站着或坐着时，你给他人的感觉是：你不愿意交谈，你有防备心，你将自己封闭起来。手捂着嘴（或手捂着嘴笑）或支着下巴的动作表明你正在思考。反过来，你也可以想象一下，如果是你，可能也不会打扰一个正在深思的人吧。另外，如果你双臂交叉，那么，你自身也会显得局促不安，从而让他人也不愿意靠近你，因为在与你交谈的时候，他们也会感到不自在。

所以，如果你想向对方表达出你的热情，就张开你的双臂，即便看起来有点夸张，也比交叉抱着双臂要好得多。

4.身体微向前倾

当你和对方谈话的时候，身体微微前倾，这表明你对他的话题感兴趣。而这对于他来说，显然是一种尊重，他自然很愿意同你交谈下去。

人与人的沟通中，真正展现热情与真诚的有时候并不是语言，也就是说，也许最重要的交谈技巧并不是语言，而是我们的身体。掌握一些基本的微动作，就掌握了与人初次交谈的一种本领，保证能让你抓住对方的注意力。

运用微反应中如何防止被识破

心理学家列出一些人类的经典反应，比如，当被中意的人接受的那一瞬间，心头鹿撞，而一旦遭遇爱情的欺骗和背叛，又会让你握紧拳头；面对不屑之人，会微微扬起下巴；当诚心诚意接受批评和教诲时则会不由自主地低下头；突然看见好久不曾见面的好朋友，嘴巴和眼睛同时张大，然后欢呼雀跃；假如在晚上看见闪过的黑影，嘴巴张大，惊声尖叫，拔腿狂奔；被老板抓住偷懒的行为，手足无措；侥幸逃过的话，则会吐吐舌头，拍拍胸口等，简直是不胜枚举。不过，这些反应中，对于每个人而言，曾经出现过多少呢？上面这些反应中，全部都是你自己想要做的吗？当然，这些行为并不是我们想做的，而是在无意识中做出来的行为。

比如孩子从出生的那天开始，就会张开嘴吸吮，在母亲的乳房上寻找甘甜的乳汁。当孩子在不到两岁的时候，假如被别的小朋友抢走了玩具，就会快速跺着双脚，高声喊："给我！"可能这话是父母教的，主要是担心孩子上了幼儿园之后被小朋友欺负，不过这跺脚的动作却是没有人教过他的。随着一个人对知识的接受和储备，慢慢地学会了记忆、分析和评价。随着对社会生活的学习，我们掌握了越来越多的高级本领，比如遵守规定、举止得体，不过，不管怎么样，许多反应还是固化在我们的身体中，有些是本能反应，有些是习惯反应。

1. 真实的反应是因刺激源引起的

心理学家认为，当一个人遇到恐惧的事情，就会出现这样一些反应：屏住呼吸，心跳加速，冷汗也会不自觉地冒出来，脸色发白，假如刺激源足够强烈的话，还会令人有想吐的感觉；脸上肌肉会不由自主地颤动，尽可能地想远离引起内心恐惧的事物。假如不能动，至少也会将身体向后仰或者转向另外一个方向。或者说抱起身边的东西或者坐垫，挡住那引起恐惧的事物，这样会让自己主观上觉得是安全的。

当我们遇到开心的事情，就会出现这样一些反应：呼吸变得自由而有力，心跳加速。毫无意识地眉开眼笑，假如开心的程度很大，还会将双手高高举起，挺拔着身体，或许还会跳起来欢呼，顿时感到浑身舒畅。假如条件允许的话，我们还会飞快地冲过去拥抱自己喜欢的东西或人。

2. 想要控制反而会露出破绽

这些因刺激源导致的行为是很有意思的，或许我们会问：一定会这样吗？所有的人都会这样吗？假如故意控制，这些行为是不是不会出现？其实，如果你可以简单地试一试，你会发现，假如你故意去做的话，这些行为是可以控制的，不过同时也会感觉到吃力，控制真实的反应是一种复杂而痛苦的过程。

假如你一定要控制这些真实的行为，那首先要做到不感觉意外，似乎预先就知道会出现某种刺激，然后决定要控制住自己；其次是感觉不在意，不论刺激源怎么样，都需要接受这样的刺激，快速分析这种刺激的性质和力度；再次是做到不反应，通过感知和思考，把自己可以找到的可能的身体反应制止住；最后是再反复检查一遍，自己是不是有没有控制的地方，从而补充完善。

假如你觉得自己已经能完全控制了，那恭喜你。不过，你需要知道的是：身边的人从你僵硬的身体和呆板的表情来判断，会觉得你不太正常，应该是隐藏了某些不让别人知道的事情。他们会产生疑问：遇到这样高兴或恐惧的事情，你怎么一点都没反应呢？没有反应就是最大的破绽，而破绽的存在就是洞察你内心的钥匙。

3.尽量学会控制自己的身体

尽管我们不能完全避免破绽百出，不过我们依旧可以努力。一方面是尽可能学会控制自己的身体，减少不必要的破绽；另一方面是尽量多地了解这些破绽，减少被他人欺骗的情形发生。

尽量控制自己的身体，包含着两层含义，一是肌肉的运动控制能力，让运动可以保持精准而熟练。从这个角度来看，那些舞蹈演员，特别是古典舞蹈演员以及运动员，诸如武术、体操等讲求精致的运动项目运动员，具备较好的肢体控制能力。能做到真正控制自己身体的人，还是很少的，比如经历丰富、积淀深厚、有较强自信心的政客或演技精湛的演员。比如俄国戏剧大师斯坦尼斯拉夫斯基的"斯氏体系"，主张角色体验，忘却自我，使演员与角色合一。

心理学家认为，尽管你已经成为了隐藏自我的高手，不过也逃不出动物求生的本能规则。只要存在有效刺激源，就可以攻击你的破绽。所以，假如我们可以准确地发现他人的破绽，那就可以顺势了解其内心的真实想法。

第2章

识破伪装，侧写术让你挖掘隐藏真相

我们都知道，犯罪侧写的目的是为了帮助破案，而破案就是挖掘真相的过程，这与我们参与人际社交有着相同之处，因为任何人际关系都建立在对交际对象的了解之上。知己知彼百战不殆，然而，现实生活中，人们在交往的过程中，出于各种目的，人们并不会对彼此敞开心扉，有些人甚至会编造出各种各样的谎言，对此，我们可以借鉴犯罪心理学中的侧写术，才能识破伪装，挖掘真相。把握人心，才能在交际应酬场上准确地掌握对方的内心世界，然后方能对自己的交际决策作妥善的规划，赢得交际的成功！

观察对方反应速度，以此辨别真伪

在法官判案时，经常会采用这样的一种问话方式：当嫌疑人陈述了某些情况后，他会时不时地打断嫌疑人："你要注意，你所说的每一句话都将成为呈堂证供，都会产生法律效应。"而嫌疑人每听到这句话，就会显得不知所措，甚至紧张慌乱，在最终的心理"折磨"下，他只好供认事实。其实，法官运用的就是侧写术，混淆了对方的试听，从而使嫌疑人说出心底的声音和最真实的想法。

俗话说，"一心不能二用"，的确，我们不可能同时让注意力集中于几件事上。正是因为这点，日常生活中，与人打交道，如果我们希望探测出对方的内心世界，从而有助于我们采取进一步的计划，我们就可以制造一些突发事件，看对方的反应速度来判断其话语的真伪，让对方在一阵慌乱中被我们攻破心理防线。因为对于那些撒谎的人来说，在他们被问及某些意料之外的问题时，他们会忙于编造新的谎言来圆之前的谎，因此，如果对方反应迟钝，那么，很可能表明他撒了谎。

我们再来看下面一个故事：

有一对姓张的夫妇，他们已经结婚十年，早过了七年之痒之期，张先生是个体贴的男人，每年的结婚纪念日，他都会为妻子买一份礼物。但就在他们结婚的第十一个年头里，张太太明显发现张先生不大对劲，他加班的时间多了，出差的次数也多了，以女人的直觉，她心里很清楚，丈夫可能有外遇了。于是，她准备试探一番。

这天，张先生还是和往常一样，夜里十二点才回来，张太太也和往常一样为酒醉的丈夫换衣梳洗。

"你今天是和老王一起喝酒的，什么事这么开心啊。"张太太故意问。

"是啊，老王升职了，他这么客气，非要请大家喝酒啊。"即使半醉的状态下，张先生还是很善于撒谎。

"是吗？可是我晚上八点多去逛超市的时候，明明看见老王和大姐也在呢。"张太太故意试探性地问。

"你不说我还忘跟你说了，老王的姐姐今天晚上刚好从国外回来了，这不得好好招待她，老王喝到半道儿就走了啊。"张先生说完这一番话后，深深地吸了一口气，而这一切，都被张太太看在了眼里。

"可是我今天晚上并没有看见老王，我逗你玩呢。"张太太说。

"你、你、你……"张先生急了，他知道，这下子不得不跟妻子"招供"了。

故事中的女主人公张太太是聪明的，她猜到丈夫可能会撒谎，于是，她事先设下圈套，让丈夫往里面跳，然后通过反复问一些突发的问题来查看丈夫的应变能力，当然，张先生也是聪明的，但他聪明反被聪明误，还是不打自招，不得不承认自己撒了谎。

其实，生活中，我们随处可见人们利用这一方法。从他人语速语调的微妙变化中，我们可以观察出他的心理变化，比如，一个平时说话不紧不慢、慢条斯理的人在面对他人的一些陈述后突然提高说话分贝，然后进行大声争辩，那么，很可能表明对方对他的评价是错误的、不实的，甚至是诽谤。如果一个人面对他人的批评和指责，半天说不出话来，然后低下头，那么，则表明这些指责是事实。如果平时一个语速很快的人突然减慢了自己的说话语速，那么，他一定是想强调什么，以引起他人的注意。对于语调，人们在兴奋、惊讶或感情激动时说话的语调就高；而在相反的情况下，语调则低。

当然，生活中，当我们在利用这一侧写术的时候，一定要注意：要深入地了解我们的交往对象，了解他们的性格，如果对方是个急性子并大大咧咧，你可以对其"愚弄"一番；而如果对方心思细腻的话，你就要慎用这一方法，以免因小失大，得罪他人！总之，只有事先了解，我们才方便做出轻松自如和正确的应酬决策，在与人交际的时候便能如鱼得水，然后让交际为我们所用！

借用重复的问题，看对方的回答是否统一

法官判案时，经常会采用这样的一种问话方式：当嫌疑人陈述了某些情况后，他会时不时地问嫌疑人："请你复述一下××晚上九点钟你在做什么？"如果嫌疑人在说谎，那么，法官会发现，他每次的答案虽然大同小异，但却都有细节上的不同，等法官问过很多次之后，他最后一次的答案可能和第一次回答的答案已经南辕北辙了。那为什么会这样呢？因为，人们对于自己没有做过的事往往都会想方设法去圆谎，而要编造一个谎言，他就需要再去编造更多的谎言来弥补这个谎言的漏洞，于是，他每次编造的谎言都会不同。而人们对于真实的发生过的事，他们的印象是相同的，口供也是相同的。因此，"重复的问题看对方的回答是否统一"就是法官们经常用到的审问嫌疑人的侧写术之一。

而这种侧写术在生活中的运用也随处可见，比如，作为妻子，如果

你发现丈夫最近的行为异常，你可以这样旁敲侧击他："对了，你刚刚说你昨天晚上和小刘他们打牌输了多少钱？"如果丈夫昨晚真的是和小刘打牌，那么，既然他昨天晚上能回答出来，那么，现在也一定是记得输钱的数目的。而假如丈夫今天的回答的数目与昨天不同，那么，很明显，他昨天撒谎了。

我们再来看下面一个故事：

小张是刚到公司的新员工，但似乎有点小偷小摸的坏毛病。

这天，当大家下班后，小张还想在办公室上一会儿网。正巧，他看见了主任办公室的门还开着，好奇心促使他悄悄地进去看了一下。巧的是，办公桌的抽屉也没有上锁，里面放着厚厚的一叠钱。面对金钱的诱惑，小张还是没能抵挡得住，于是，他顺手牵羊，拿走了几张百元大钞。并且，他很有自信地认为，没有人会发现。

但实际情况并不是如此，第二天一大早，主任就在办公室嚷嚷起来了："你们谁偷了我办公室的钱？办公室怎么还有这样偷偷摸摸的人啊……"但没有一人承认，其实，主任也听说小王的手脚不大干净，但没有证据，也不能说明什么。这时候，主任秘书小王想出了一个招儿，能看出钱到底是不是小张偷的。

下班后，小王看见小张要离开公司，赶紧追上去问："今天下班去干什么呀？不回家陪女朋友？"小王故意试探性地问。

"她在老家呢，不需要我陪。"

"哦，对了，刘主任的钱被偷了，你知道吧，也不知道谁干的，每个人好像都有不在场的证据，我昨天和刘主任一起出的门，周大姐也说跟你一起下班的，真不知道是谁干的。"小王在说这些话的时候，偷偷看了一下小张的反应，果然，小张很慌张地借过话茬："是啊，周大姐还跟我一起去喝了杯东西呢。"

"嗯，周大姐也说是你请她喝了一杯柠檬水呢。"小王就和小张这么聊着聊着一起离开了公司。

后来，快分开的时候，小王突然问："小张，昨天你和周大姐喝的什么呀？"

"苹果汁啊，我最爱这个了。"小张随口一答，说完，他才知道自己说错了。

秘书小王让偷钱人小张不打自招的秘诀在于：他编造出了周大姐这个中间人，故意为小张制造出一个不在场的证据，而当小张对自己放松警惕、他再问这个问题时，小张却回答错了。为什么会这样呢？因为小张在圆谎时，根本没注意到一个细节问题——这杯饮料到底是什么？而这一点，正是小王设下的一个圈套，当小王再提到这个问题时，他的第一反应是回答出了自己最爱喝的饮料，而很明显，他是不打自招，也只好承认偷钱的事实。

可见，当我们不知对手虚实的情况下，可以"使用"重复某一问题的方法来投石问路。但使用这一冷读术时，我们需要注意以下两个方面：

第一，所问的问题必须是细节性的、对方不曾留意的。

就如故事中的秘书小王一样，问对方始料不及和不曾留意的问题，对方才越有可能露出破绽。

第二，对方前后几次的回答出入越大，越表明对方话语真实性不高。

有时候，对方前后几次回答的话中含义是同样的，但这也有可能是对方事先为了圆谎编造好的，此时，我们就要看他几次回答的出入，因为人们亲身经历过的事情，描述时基本上都会以同样的语气、词汇，否则，则会尽量想当然地编造语言。

可见，我们要想让自己看透他人是否说的真话，就要懂得主动出击，然后引导对方多暴露自己，最终把握好时机看出对方的真心！

用刺激性的问题看对方的反应

现代社会，无论是职场工作、商业竞争还是与人打交道等，我们都必须要了解对方的真实内心，只有知己知彼，才能百战不殆。而伪装的面孔往往带有迷惑性，这就需要我们借助犯罪心理学中的侧写术。那些善于伪装的人可能会让你觉得毫无破绽，但我们可以主动出击，主动问刺激性的问题看看对方的反应，看对方的神色表情，如果他面不改色，那么，多半证明他所言非虚；而倘若他神色慌乱，那么则表明对方撒了谎。可见，用刺激性的问题让对方自乱阵脚，我们会节省很多精力。

下面来说说这样一个故事：

有一次，绍兴某贵族张员外的小公子抢了别人家小孩的毽子，还把人家打哭了。刚巧徐文长路过，就把毽子从小公子手里夺过来，还给那孩子，谁知小公子平时娇生惯养，哪里受过这样的气，他一下子大哭大闹起来，还说徐文长欺负他。于是，家丁就把徐文厂押上堂，请知府发落。知府也不知道事情的原委，只得听二人在公堂上各自讲各自的理。

张员外大声喝道："你敢欺负张员外的孩子？"

知府也赶紧应和："是啊，徐文长，你可知罪？"

徐文长笑着说："我并没有啊。据我看，张员外才是不知罪呢！"

张员外当然不高兴，大声问："我何有罪？"

徐文长说："你家公子一早在踢这毽子，您想必知道这毽子上有羽毛，下面有铜钱，而铜钱上印的是嘉靖皇帝年号。小公子如今竟然手提毫毛，脚踢万岁，这岂不是欺君冈上？常言道：子不教，父之过，张员外又该当何罪呢？"

徐文长这招果然厉害，张员外听后，立即吓得说不出话来，知府自然也听明白了事情的真相，不得不连忙笑道："好吧，大家谁也不要为难谁了吧！"徐文长这才罢休。

这里，徐文长是怎么让张员外主动认罪的呢？他的这招就是"威胁"，他针对张员外借题发挥的做法，借来了一个更大的题——脚踢万岁，放大"员外之子踢毽子"这件事的严重性，让张员外心中恐慌，以此来整治张员外，达到自己的目的。

这一侧写术的原理是：人们在受到刺激和威胁时，多半都不会心平气和，他们会暴露出内心的真实想法。

温斯顿·邱吉尔说过："一个人绝对不可在遇到危险的威胁时，背过身去试图逃避。若是这样做，只会使危险加倍。"因此，归根到底，"刺激"并不是真正的目的，只是一种手段。"刺激"应包含下列含意：刺激的问题应该是能对对方起到作用的，而不是无关痛痒的；刺激的目的是为了让对方说真话。比如，如果还是不能彻底了解到对方的脾气，比如对方修养特佳，或伪装很好，试探对方也是一个很好的方法，比如，你可以提出一个非常偏激的观点。看对方的反应，如果他认同你的观点那么基本可以确定他是趋炎附势的人。不喜欢与人争辩。如果他与你讨论，那说明他有自己的主见。

那么，具体来说，我们应该怎样掌握这一方法呢？

1.了解对方的弱点

你的问题能否起到作用，就要看这一问题能否真的刺激到对方，因此，我们最好要事先了解对方的弱点。

从反面说："我承认，这款手机价格不菲……"这样一刺激，对方肯定会被激起购买欲。

2.因人而用

我们在运用这一冷读术的时候，要先了解对方，因人而用。要对对方的心理承受能力有所了解，如果激而无效，那么也是白费力气。

3.掌握火候，语言不能"过"

如果说话平淡，就不能产生激励效果；如果言语过于尖刻，就会让对方反感。因此语言不能过急，也不能过缓。过急，欲速则不达；过缓，对方无动于衷，也达不到目的。

总之，我们在与对方交谈之前，越了解他越好，即使不能够做到，也要在交谈之中逐渐形成对这个人的看法，然后再谈比较重要的事，也能够预料到他的态度，至少不至于让他误解或弄不明白你的意思，你的目的才更容易达到。

提问细节，让对方在不知不觉中暴露

现代社会，我们一直倡导诚信原则，但我们却时常看见有违这一原则的现象的出现，有些人为了自身利益不惜以欺骗他人为代价。当然，有时候，有些谎言的出发点是善意的，他们可能是为了保护某个人不受伤害。但谎言无论是善意的还是恶意的，它的存在都隔断着人与人之间真诚的关系。不管怎样，我们都要学会识破谎言。如果对方的谎言是善意的，我们就更加能够理解对方的苦心，避免彼此之间产生误会，加深彼此之间的感情。如果对方的谎言是恶意的欺骗，那么，识破谎言则有利于保护我们自己不受伤害。那么，怎样识破谎言呢？

其实，我们都知道，任何一条谎言的存在都是不以事实为根据的，为此，撒谎者必须首先计划好，但无论如何，它都会存在一定的漏洞，这就是我们识破谎言的入口。因此，我们可以掌握这样一条侧写术——多多提问细节，对方便会在不知不觉中暴露。我们先来看看下面这样一个爱情故事：

杰克和琳达已经相恋五年，长时间以来，琳达都对杰克不满，因为她认为杰克是一个胆小怕事的男人，生活中的大小事，杰克都会让琳达先试一试。

有一次，他们出海游玩，但就在他们准备返航时，却遇到了飓风，他们乘坐的小艇被飓风无情地摧毁了，在危急时刻，幸亏琳达抓住了一块木板，两个人才保住了性命。面对着一望无际的大海，琳达问杰克："你害怕吗？"听到琳达这么问，杰克却一反常态，表现得非常英勇，他从怀中掏出一把水果刀，一本正经地说："害怕，但我必须保护你。如果真的遇到鲨鱼，我就用这个来对付它。"看着那个小小的水果刀，琳达不禁摇头苦笑。

后来，他们看到了一艘轮船，便急忙求救，但就在这时，他们看见不远处有一只鲨鱼，琳达赶紧对杰克说："杰克，赶紧用力游，我们一定会没事的！"想不到的是，杰克突然用力把琳达推进海里，独自扒着木板朝轮船奋力游去，并且大声喊道："亲爱的，这次让我先试！"琳达惊呆了，望着杰克的背影，她感到自己必死无疑。鲨鱼正在靠近，但是，让人惊讶的一幕发生了，鲨鱼径直向杰克游去，而并没有像琳达担心的那样直冲向琳达。鲨鱼凶猛地撕咬着杰克，血水瞬间蔓延开来，在最后的时刻，杰克竭尽全力地冲琳达喊道："我爱你！"

因为鲨鱼冲向了杰克，所以琳达获救了。甲板上的人都在默哀，船长坐到琳达身边说："小姐,你的男友是我所见过的、最勇敢的人。我们为他祈祷，希望他在天堂里没有痛苦！""勇敢？他是个胆小鬼！"琳达伤心地说："他在危急时刻抛下我独自逃生……"船长惊讶地长大了嘴巴："为了救你，他牺牲了自己的生命，您怎么能这样说他呢？"琳达疑惑地看着船长，船长接着说："刚才，我一直在用望远镜观察你们的情况，难道你不纳闷为什么鲨鱼对近处的你不闻不问，而径直地游向远方的他吗？原因其实很简单，我清楚地看到他把你推开后，用刀子割破了自己的手腕。大家都知道，鲨鱼对血腥味很敏感。假如不是因为他这样做来争取时间，恐怕你现在早就已经葬身鱼腹了……"

看完这个故事，我们不禁会被杰克对琳达的深深的爱而感动，也为琳达对杰克的误解而感到遗憾。幸运的是，有一个船长亲眼目睹了事情的真相，否则，琳达岂不是要误会杰克一生？在现实生活中，不会总是有这么一个明察秋毫的船长来为我们揭发真相，所以我们必须清楚地意识到：很多时候，眼睛看到的事情未必都是真的。要想知道真相，我们就必须去探究事情的细节，这样才能了解事情的真相。

通常，人们为了圆谎，都会在撒谎之前预先编造好情节，这样才能在别人询问的时候从容应对。当然，也不排除有很多人是临时才决定撒谎的，这样一来，没有经过缜密的思维，漏洞就会更多了。不管是事先预谋好的，还是临时决定的，撒谎者都只能编造大概的情节，但是很难编造完美无瑕的细节。很多时候，只能亲身经历过的事情，人们才能说出详实确定的细节。而撒谎者，因为是捏造的，所以根本不可能像亲身经历者那般对细节问题确凿无疑。举个很简单的例子，一个丈夫可能会撒谎骗妻子说昨晚之所以没有回家是因为在加班，但是，当妻子问他和谁一起加班时，他往往很难回答，因为他没有真的加班，所以不敢随便说和谁加班，以免妻子去核实。这时候，他往往会含糊其词，顾左右而言他。这时候，妻子就要警惕了。反之，如果他没有撒谎，一定会毫不迟疑地告诉妻子自己是和谁一起加班的。这就是细节的绝妙之处，很难伪造。难怪人们常说，如果你撒了一个谎，就要撒很多谎来圆这个谎。

总而言之，为了得知真相，我们一定要展开细节询问，这样才能识破谎言。其实，很多人都不喜欢别人骗自己，不管是善意的谎言，还是恶意的谎言。所以，还是真诚相待为好。

别被看似巧合的事蒙蔽眼睛

中国人常说："无巧不成书。"来形容事情十分凑巧。的确，在我们的生活中，总是随时随地发生一些凑巧的事，比如，你在大街上闲逛，却无意中碰到你的一个熟人；就在你离开某个地方后，该地却发生了一些天灾人祸……有些巧合的效果是正面的，有些却是负面的，当然，人们都喜欢前者。然而，生活中，并不是所有的巧合都是因"巧"得来，而也有可能是人们为了圆谎而故意制造出来的巧合。因此，人际交往中，对于那些太过巧合的事，我们要仔细甄别，这也是一种侧写术。比如，如果你在某个私人场合，恰巧碰到你的丈夫和他的私人秘书单独在一起，那么，你就要思考一下了；如果你的孩子在成绩公布那天正好把成绩单丢了，那么，你也要想一下他是不是考得不好……生活中，值得我们仔细甄别的巧合实在太多了。我们再来看下面一个故事：

刘女士经营着自己的一家皮具公司，因为经营有道，她的公司生意红红火火，但最近，刘女士在国外的丈夫的事业做得更好，希望她能过去帮忙，并且，已经为她办好了移民。这种情况下，刘女士只好着手把自己的公司转手，在和几个收购公司几轮谈判之后，她看好了一家实力较好的公司，这家公司负责谈判的人姓王。最终，刘女士想再和这家公司谈谈收购价格的事。

　　这天，双方再次坐在了谈判桌前。刘女士满以为对方会接受自己提出的收购价。谁知道，谈判进行到了一半的时候，姓王的经理却被手下人叫了出去。一阵嘀咕之后，对方又走了进来。

　　"王经理，发生什么事儿了吗？"刘女士问。

　　"是这样的，刘总，外地有一家我们之前想收购的公司，他们一直不肯合作，现在他们公司出现了火灾，目前正打算低价卖给我们，那么，既然这样的话，我们自然愿意收购这家实力很雄厚的公司，当然，刘女士您也是很有诚意的，如果您在价格上再让步一点的话，我们也不会再费精力去与那家公司谈……"对方王经理一连串说了很多话。刘女士静静地听着，她哪里会轻信这些话，因为她相信天底下巧合的事是有，但这样太巧了，这家公司的火灾怎么来的那么不是时候，于是，刘女士说："王总，您看这样行不行，这事我一时半会也敲不定，我先跟我的几个董事们商量一下，会尽快给您回复的。"听到刘女士这么说，对方也自然会答应下来。

　　其实，刘女士这么做，是为自己赢取时间做调查，果然，不出刘女士所料，所谓的外地某皮具公司失火的事，只是对方编造出来的一个幌子而已，为的是杀价，在得知这一消息后，刘女士很快给这家公司回应："真对不起啊，几个董事们商量了一下，还是觉得这个价格已经很公正了，如果您觉得不能接受的话，那么，我们也很抱歉。"对方的答复果然也如刘女士所料——他们答应以刘女士开出的价格收购这家公司。

　　故事中，我们不得不佩服刘女士的分析能力，在对方使出了一点小伎俩以企图杀价时，她并没有自乱阵脚，而是先为自己赢得时间，以调查对方所说是否属实，最终又赢回了谈判的主动权。

的确，现实生活中，很多时候，我们在与人交往的过程中，也会遇到类似于故事中这样的巧合之事，聪明的你一定要先学会仔细斟酌，不要被那些看似巧合的事蒙蔽了眼睛，有时候，对方制造巧合只是为了隐瞒自己的谎言。从这里，我们可以得出一条斟酌巧合是否属实的方法，那就是要学会察言观色，因为制造巧合同样属于谎言的一部分，人们在说谎的时候，都会在神色、动作等方面露出破绽；另外，我们还要学会通过其他方法检验对方话语的真实性，就如同故事中的刘女士一样，可以先赢取时间，然后再事后调查。当然，无论何种方法，都要我们多留一个心眼，对于那些太过巧合的事一定要仔细斟酌！

看对方的眼球来推断话语的真假

俗话说："眼睛是心灵的窗户"，一个人的内心世界通常都会或多或少地体现在眼神里，而很多时候，一个人的眼球变化更能体现他内心情绪的波动。因此，与人交往中，那些细心的、聪明的人往往会根据对方的眼球来判断对方话语的真假。犯罪心理侧写师们也通常会运用这一方法来观察罪犯的供词是否属实。

的确，如果一个在说谎，他的眼球就会转来转去；如果一个人，在真心实意地对待你，他的眼球所发出的视线就一直会朝向你，这表示他不是在说谎话。因为如果一个人在说谎，他的内心会很慌张，大脑也会紧张起来，不停地在想要说些什么谎话你才相信，所以眼球也会一直乱动，深怕你发现他在骗你，逃避你的眼神，不敢正眼看着你，是因为骗你时心里内疚。如果是一些骗人高手，他就会跟着你的眼神走，你看哪，他就跟着你看哪，因为骗你的时候紧张，又怕你发现，所以干脆就跟着你的眼神走。

我们先看看下面这一场景：

客户："价格真的太贵了！我看我还是不买了。"这位小姐一边说着一边拿起一套化妆品，挑选了很久的她终于停下了脚步。为其介绍产品的是销售员小李，小李听到客户这样说，并没有放弃推销，因为她发现了一个很小的细节：客户看到这款化妆品时，突然睁大了眼睛，眼球似乎也放大了一倍，再也没有看其他款了。

于是，她尝试着问："小姐，那您认为贵了多少钱呢？"

客户："至少是贵了500元吧。"

小李："小姐，您认为这套化妆品能用多久呢。"

客户："这个嘛，我比较省，怎么也要用半年吧。"

小李："如果用原来牌子的化妆品，要用多久呢。"

客户："原来那个两个月要买一套吧，因为效果不太明显。"

小李："这样吧，您看原来那个牌子的化妆品是200元一套，可以用两三个月，我们按照三个月计算，您半年需要花400元，但是小姐，实不相瞒，我们这种化妆品如果您比较省，至少可以用一年，这是所有客户共同得出的经验，由于它富含的营养成分比较多，所以只要稍微用一点，就可以了。"

客户："真的是这样的吗？"

小李："这是我的客户共同的见证。这个周末您有时间吗？我已经约了所有客户举行一个联谊，希望您也能参加。"

客户："这样啊，好，我相信其他女孩子的眼力……"

这则案例中，我们发现，化妆品推销员处理客户异议的方法很值得我们学习，这里，她之所以能判定出客户的反对意见"我看我还是不买了"并非真实想法，是因为她观察到客户的眼球的变化：客户看到这款化妆品时，突然睁大了眼睛，眼球似乎也放大了一倍，也再没有看其他款了。这是一种心有所属的表现。

的确，人们所表现出来的，最难以掩饰的部分，往往不是肢体动作、不是语言，而是眼睛，眼神里所传达的信息是无法假装的。我们看眼睛，不重大小圆长，重在眼神，而什么样的眼神，很多时候都是由眼球来决定的，首先反映在视线上，视线的移动、方向、集中程度等都表达不同的心理状态，观察视线的变化，有助于人与人之间的交流。

一个人在心里特难受的时候，他的眼里会饱含泪水，但是又不想被你发现，所以眼球看起来一闪一闪的。一个人很开心的话，他的眼睛里清澈明亮，并且眉开眼笑的。一个人很生气的话，他的眼里虽说看不到火焰，但是他的眼神特别的吓人，会一直死盯着你看。一个人很恨你的话，不只是会用眼神秒杀死你，更会恶语相加。一个人要是很单纯、善良、天真的话，他的眼球中一点杂质都没有，就是很清澈、很水汪汪的那种，而且看待任何人都是同一个眼神，不会变换，除非生气、开心，平常都是用同一种眼神看人，要是谁需要帮助，他的眼中，会闪过一丝不安和焦虑，显示担心和关心。

那么，具体来说，我们该怎样根据对方的眼球来推断对方话语的真假呢？

犯罪心理学家告诉我们：

第一种——说真话时的眼球：

谈话时突然中断眼神交流，而往左下方看的时候，表示正在回忆，所说的话有可能是真的。

第二种——说假话时候的眼神：

谈话时突然中断眼神交流，而往右下方看，表示正在编造谎话。

第三种——对现状表示少许尴尬和回避时的眼神：

谈话时，突然中断眼神交流，面带微笑地躲避对方眼神，是一种窘境的表现，说明你触及到了对方内心的羞愧感。

当然，要看一个人说话的真假，不仅要学会看眼球，还要学会看行为举止，还有说话时的语气和表情，要多方面地去观察。

运用"敲边鼓"的技巧，探测对方的真心

我们都知道，人际交往中，人们出于各种原因，内心世界往往是隐蔽的，甚至会用谎言来遮掩自己的真实意图，此时，我们要想探求对方的真心从而攻破对方的心理堡垒，就需要掌握一些侧写术。其中，我们不妨运用旁敲侧击法——正面询问无效果，我们不妨就从侧面试探，比如，举个很简单的例子，生活中，一对谈恋爱的男女，男孩子要想知道女孩是否真心喜欢他，可以故意试探女孩："我给你介绍个男孩认识吧。"如果女孩喜欢他，会很坚决地告诉他："不用了。"这样的场景恐怕生活中很多恋爱男女都运用过。我们再来看下面一个故事：

莉莉与小齐初中毕业后就一起来到城里的一家餐馆打工，她们关系很好，可谓是无话不谈的朋友。但两人的做人行事作风却有点差异。

一次，莉莉在收拾餐桌的时候，发现了一个手机，肯定是客人落下的，莉莉早就渴望有一部手机，于是，她想悄悄据为己有。可不巧，这被小齐看见了，让她上交，可莉莉说："什么呀，我没拿什么手机啊。"

小齐说："莉莉，你知道什么叫'不劳而获'吗？"

"不知道！"莉莉嘟着嘴回答。

小齐说："你看，'不劳而获'是不经过劳动而占有劳动果实。说

得确切点是占有别人的劳动果实！”

“我可不懂那么多。”莉莉有点不耐烦了。

小齐耐心地问：“你说，抢别人的东西是不是‘不劳而获’！”

“是的。”

“你说，偷别人的东西是不是‘不劳而获’！”

“当然是的。”

“那么，拾到别人的东西据为己有是不是‘不劳而获’呢！”

“这，这……当然……”莉莉这时不知道说什么好了，吞吞吐吐地回答着。

看到莉莉已经同意了自己的观点，小齐顺势说：“其实，拾到别人的东西据为己有和偷、抢得来的东西，在‘不劳而获’这一点上是相通的，除了国家法律，我们还应有一定的社会公德，再说我们来的时候，老板都为我们念了店里的工作守则的，其中就有一项：拾到顾客遗失的物品要交还，我们还想在这家店长干下去呢，可不能因为这点蝇头小利丢了工作啊！咱自己想要手机，就要靠自己的能力挣钱买，那样用得才理直气壮哩！”

最后，莉莉主动把手机上交了。

案例中的小齐就是个会说话的人，在她发现好朋友莉莉准备将捡来的手机据为己有的时候，并没有直接追问，而是采用“敲边鼓”的方法，让对方承认这是一种错误的行为，先提出一个看似与“偷手机事件”无关的“不劳而获”的意义，让莉莉明白什么是不劳而获，从而逐渐由大及小，步步推进，最后才切入实质性问题：拾到东西据为己有，同偷、抢一样是“不劳而获”。最后，聪明的小齐又把问题归结到莉莉想把手机据为己的想法是不正确的，并劝说莉莉可以自己努力工作去买一部手机。小齐的说服可谓是有理有据，莉莉自然也能接受。

而在现实生活中，很多人遇到这种情况，可能会站出来告诉对方："你怎么偷人家东西呢？"这样说，虽然出于好意，但无无异于打人脸，对方必定不会接受，甚至还会找矢口否认。其实，无论是出于什么目的，在探测对方真心的时候，一定要绕开关键点，因为那个点恰恰是你们冲突的焦点。如果你直奔主题，告诉对方要诚实，很容易引起对方的逆反心理，不仅让对方难以接受，还会和你对抗到底，那么，你的劝导工作将会加大难度，甚至根本无法成功，而如果你从侧面引导，一步步地回到你想要了解的关键点上，若是理由充分，别人一般都能接受。

其实，你若想探测他人真实的内心，就必须懂得运用"敲边鼓"的说服技巧，从理论上讲，这符合心理学的基本规律；从实践中看，只要运用得恰当巧妙，就能取得理想的效果。

因此，与人交往，我们如果能借鉴犯罪心理学中的侧写术这一说服技巧，就能玩转心理游戏，如果你想要达到自己的目的，不要直奔主题，不妨运用"敲边鼓"的技巧，同时，你要做到有理有据，让听者心服口服，而不能是说教式或者命令式的。当然，这不仅需要有一个好的口才，还需要有一个好的态度，耐心地引导、启发对方思考，让其自主接受你的观点！

第 3 章

秘密操控，用侧写术帮你潜入他人意识

　　在犯罪心理学上，侧写的关键点在于侵入对方的思维，这一方法同样可以运用到人际交往中，的确，能否成功操控他人的意识，直接关系到我们能否达到自己的目的，这一点，却未必人人都能做到。世界著名心理学家、奥地利人阿德勒曾指出，要紧紧抓住对方内心，靠的不是渊博的知识，而是准确地掌握对方的心理。因此，能否看透对方的内心，并成功影响到对方的内心世界，是侧写术的精髓之一，也只有做到这一点，我们才能操纵对方心理，故而达成我们的交际目的。

运用侧写术，让对方自己出卖自己

前面我们已经提及，读心是警察运用侧写术判案的前提，也是侧写术的精髓，同样，我们要想让对方接受我们的想法和意见，从而影响他人，就必须先要探清对方的内心世界。但事实上，人们出于自我保护的目的，内心世界往往是隐蔽的，甚至会带着面具与我们交往，我们要想探求对方的真心从而攻破对方的心理堡垒，可以使用一点侧写的小计策，让对方不打自招，出卖自己。

生活中，这样的情况很多，比如，当你以正面的、积极的方式去探究一个人的内心世界时，对方隐藏得会越深，甚至还会让对方的警惕性提高，而如果我们能采取一点冷读术，让对方在不经意间表露出自己的情绪，那么，我们就很容易达到目的。再如，法官判案时，经常会采用这样的一种问话方式：当嫌疑人陈述了某些情况后，他会时不时地打断嫌疑人："你要注意，你所说的每一句话都将成为呈堂证供，都会产生法律效应。"而嫌疑人每听到这句话，就会显得不知所措，甚至紧张慌乱，在最终的心理"折磨"下，他只好供认事实。其实，法官运用的就是冷读术的小计策，混淆了对方的视听，从而说出心底的声音和最真实的想法。

那么，我们在运用冷读术的小计策时，该注意哪些方面呢？

1.尽量隐藏好自己的目的和动机，保持客观公正的态度

一般来说，我们想要探知他人内心世界，从而攻破对方心理堡垒，无论使用什么方法，一定不要让他知道你的企图，要保持公正客观的态度。如果对方发现你心怀私念，或有所偏袒，你的劝说就很难起作用。一般来说，你探知对方的企图越明显，他越会觉得你"图谋不轨"，你要刻意影响他；相反，如果你无意中说一句话，假装不在意地提问，他反而会没有心理阻抗，他也不会认真地琢磨你说的话，因为他觉得你没有操纵他的意图，如果他的想法被你猜中，那么，他将会"中招"，将自己的真实意图脱口而出。

2.细心观察，了解对方

我们与人交涉，必须具备一定的观察能力，这也是探知对方真心的前提，否则，如果不注意观察，我们输给了别人时还蒙在鼓里。一般来说，具备敏锐的洞察能力的人，他的办事效率是相当高的，善于观察者，能通过对方的穿着、神情等方面判断出谈判对象的心理和谈话的动机是什么。

3.懂得忍耐

因为很多时候，我们与交际对手的较量，就是心理的较量，谁先缴械投降，谁就输了。

总之，如果我们注意以上三点，并将冷读术的小计策运用巧妙的话，我们便能轻轻松松地影响他人！

巧用"双重束缚"，不会遭遇拒绝

生活中，当有人求助于你时，你的第一反应是什么？当然是答应还

是不答应的问题，如果你想否定，那么，你就应该为自己找一个合适的理由。举个很简单的例子，你可能经常会接到保险公司的电话，此时，你的第一反应就是：我才不管他推销什么险种呢？然后你会直接挂掉电话。的确，当人们的头脑中已经否定了一件事后，那么，再让他重新考虑是很难的。下面有两种完全不同的场景，我们来看看：

场景一：

"我想今天约你吃顿饭。"

"不好意思，今天我很忙"

"那喝茶的时间总有吧？"

"我真的没空。"

"什么时候有空？"

"不知道。"

为什么场景中的人的邀约没有成功？很简单，因为在对方的头脑中已经拒绝他了，他在寻找什么理由，总是会被对方拒绝。而假设他能转换一种邀约方式，也许会有不同的结果。我们再看看场景二：

"我们去吃饭还是去喝咖啡？"

"可是我没空。"

"那么就去喝咖啡吧。"

"嗯，喝咖啡倒还可以。"

这里，我们大致能看出这两种完全不同的邀约结果产生的不同原因在哪里了，对于第一种提问方式"可以跟你约会吗？"，对方的回答可以是"No"，但是对"我们去吃饭还是去喝茶？"这句话回答只能是选择其中一个，无论是选哪个，都是答应了对方的邀约。

可见，如何巧妙询问，需要我们掌握一定的技巧，掌握好这一技巧，能对我们的工作和恋爱都起到积极的作用，只要稍微意识到双重束缚技巧，你也可以顺利进行沟通，至少你不会在沟通中被对方牵着鼻子走，而能冷静地做出判断和反应。再来看下面的故事：

单位新来了一个员工小帆，他学历、能力乃至长相都一般，但不知道为什么，他来了以后，单位的这些女孩子都喜欢围着她转，还隔三差五地和他一起出去喝咖啡、吃饭什么的，这让很多同龄的男孩们羡慕不已，便来讨教一二。小帆故弄玄虚地说："因为我会魔法啊，我要约哪个女孩，哪个女孩都会答应我。"

"你就吹吧，你怎么不吹你能约到对面那家公司的尹经理啊？"这位尹经理，是这一区域内的所有男士心中的梦中情人，至今单身，而最重要的是，很多大公司一直想和这位尹经理合作，不仅因为她的美貌，更因为只要和她谈成一笔生意，就能带来巨大的利润。

"那不简单？要是我能把她约出来，你们怎么样？"小帆还和这些人较上真了。

"你要是能把她约出来，这个月多加你百分之五十的奖金，你要是能和她谈成生意，下月就升你为业务主管，怎么样？"原来是经理在茶水间听见了大家的谈话，也在休息时间来凑个热闹，他知道小帆是开玩笑，也就随口应和了一个玩笑。谁知道，小帆居然信誓旦旦地说：

"好，经理，这是您说的啊，那下周此时，我给你答复吧。"

大家都认为小帆在吹牛，也逐渐将这个笑话忘了，谁知道，第二个星期，小帆居然将与尹经理签的合同摆在了总经理的办公桌上，让总经理惊诧不已。

"你是怎么做到的？"

"要跟她签合同，必须先要认识她，也就是先要约她出来。那天我打通了所有关节，见到了尹经理，看见她在忙，就直接问：'您好，尹经理，我是一个再普通不过的对你的仰慕者，看你这么辛苦，我们去喝杯东西吧。'她说：'可是我没时间啊。''那就喝咖啡吧。''嗯，喝咖啡倒是可以，我正好也累了。'就这样，我把她约出来了。"

"就这么简单？"总经理还是觉得不可思议。

"是啊，后来，喝着咖啡，她觉得饿了，他又带她去吃了一顿小吃，一来二去，我们成了很好的朋友。"小帆还在得意地笑着。

"可是，她怎么会答应你的约会呢？"总经理还是不明就里。

可能我们也会感到惊讶，为什么尹经理会答应小帆的约会呢？其实，这里，小帆是因为使用了一个绝对不会被人拒绝的回话策略——"双重束缚"。我们不妨来分析一下：

那么，使用双重束缚这一技巧时，我们该掌握哪些重点呢？

简言之，就是不能在询问的过程中有任何"恳求"对方的成分，一旦有恳求的成分，就可能立即让对方意识到你的真正目的而导致最终拒绝你。当然，这也需要巧妙法则的技巧。

例如，你希望对方能答应你做一件事，又不愿被拒绝时：

（1）直接在对方已经答应帮你忙的基础上说话；

（2）然后，为对方提供几条能帮助他达成目标的建议。

假意出错，套得对方的真心意

世界伟大的无产阶级革命家马克思和他的太太燕妮原本并不是情人的关系，他们关系很好，是朋友，但在当时的时代背景下，这并不意味着他们是相爱的关系，尽管，他们都了解彼此的心思，但谁也没捅破这层窗户纸。后来，马克思终于鼓起勇气，用一种别具一格的方式俘虏了燕妮的心。

这天，马克思还是和以前一样，把燕妮约出来了。一路上，他都表现得闷闷不乐，这让燕妮觉得很奇怪。于是，燕妮就主动问他："你怎么了？有什么心事吗？我们是好朋友，能不能跟我说说。"

马克思说："说实话，我真的有心事，最近，我交了一个女朋友，我非常爱她，我希望我们能白头偕老，因此，我想向她求婚，但我怕被拒绝……"

"你有女朋友了？"马克思看到，燕妮脸上写满了惊讶。

"是的，认识很久了。"

"这是真的吗？"

"当然是真的。我这里还有一张照片呢，要不你给我把把关？"马克思说着，拿出一只精致的小木盒子。

燕妮点了点头，但她的心里却是很痛苦，她慢慢地接过马克思递给他的小匣子，双手颤抖着打开了。

但燕妮奇怪的是，匣子里什么都没有。当她打开镜子后，她一下子就愣住了。一会儿过后，她如梦初醒，惊喜万分。

原来，马克思卖了半天关子，是要跟自己求婚啊!她的整个身心都沉浸在幸福的热浪中，一下子扑到了马克思的怀里。

马克思与燕妮的爱情故事早已被人们传颂。这里，马克思是怎么探出燕妮的真实心意的呢？因为他故意制造出一个根本不存在的第三者，让燕妮认识到马克思心仪的对象就是自己，从而缔结了一段美好的姻缘。

这个技巧是在对话时故意搞错事实，让对方来订正，借此套出对方的信息或真正的心意。现实生活中，人们常常利用这一侧写术来探明他人心意。例如，销售员经常来探寻客户的信息：

销售员："说到这里，我想您应该是比较喜欢粉色系的产品吧。"

对方："不是，我还是比较喜欢暗一点的颜色，可能跟我的皮肤跟搭配一点。"

透过这一反面提问，就可以再无须提出"你喜欢什么颜色"这类直接问题了，让对方基于想订正错误的心理，毫无戒心地主动透露出他喜欢暗颜色这一真实信息。

再者，日常生活中，夫妻双方也常用这种方法来"严刑拷问"对方的行踪。

妻："你昨晚又和老王一起下棋去了？"

夫："是啊，老习惯了嘛。"

妻："哎呀，我忘了，我昨晚就在老王家呢，那你怎么不在啊？"

这里，很明显，妻子是故意编造出了一个谎话，来引出丈夫的谎言，这样，作为丈夫，就不得不招认自己昨晚的去向了。

当然，在运用这一侧写术探知他人真心的时候，还需要注意以下几点：

1. 对对方的心意有大致了解，别歪"打"正着

这一侧写术的精髓在于，我们故意出错，让对方以纠正的口吻来回答问题，而假若我们不清楚事情的原委，原本是想试探的，却直接道出了对方的真实想法，那么，对方必然会否认或让交谈双方都难堪。举个很简单的例子：

"所有的女孩子都喜欢玫瑰，你肯定是个例外。"

若对方真的喜欢玫瑰，那么，你的问话只会让对方尴尬。

2. 藏好自己，别让对方看出破绽

这是一种侧写技巧，最关键部分就是要在不经意间让对方流露出自己的真实想法，而假若让对方看出我们是在故意犯错，那么，只会惹恼

他，那么，事情的难度自然会加大，一不小心还会弄僵人际关系、前功尽弃。因为没有人是喜欢被人欺骗和耍的，恋爱中，一些男孩或者女孩就是因为使用这些小伎俩不成，却反而让对方离自己而去。

总之，我们可以发现，有时候，即使他人的内心是封闭的、真心是藏起来的，我们依然可以探寻，只要我们主动采取一些侧写技巧，正面询问，对方可能会否认甚至排斥，那么，我们不妨从反面入手、从错误的层面入手，此时，对方内在的纠错意识必定会被激发出来，从而帮助我们回答出正确的答案，此时，我们的目的也就达到了。

狡猾否定，命中对方心思

现实生活中，我们经常看到这样一些聪明的销售人员，他们似乎总是知道客户要的是什么。我们先来看下面一个故事：

业务员小李是一名企业培训课程推销员，一直以来，他的业绩都是出奇的好，这是因为他很机灵，总是能把话说道到客户心坎上。

这天，他又来到一家公司推销。

小李："董事长啊，您是不是正为了职员缺乏干劲而困扰呢？"

董事长："就是啊，最近无论是职员还是管理干部都很放松，害我没办法处理其他工作呢。"

小李(点头)："果然是这样没错。刚好我手边有一项研习活动，可以提高管理干部的干劲，您要不要听听看呢？"

董事长："是吗？这倒很有意思。"

接下来，不到三分钟的功夫，小李成功推销了这项活动。

可能你会猜想，万一小李没猜中呢？其实，没猜中的话，他也有一套自己的应对策略。

小李："刘总，您现在最困扰的是不是员工缺乏积极性的问题呢？"

刘总："我现在真是管不上他们的积极性问题了，现在是人都不够。"

小李(点头)："原来真的是这样啊，看来我没将我的想法表达清楚。贵公司的员工其实一直都是比较努力的，但如果人手不够，他们花在工作上的时间和精力太多，时间长了，大家也会泄气的。现在，我们公司正好有个人才招聘项目是针对您这种情况的，让我简单为您说明一下吧？"

以上案例中，业务员小李使用的就是犯罪心理学中侧写师们常用的侧写术——狡猾否定，命中对方心思。使用这一技巧有个重点，那就是使用"否定疑问句"，使用这一技巧的好处在于无论对方说什么，你都可以抓住对方说话的契机，顺着他的意思往下说。就如案例中的小李一样，先发问，然后等客户来回答，如果猜中了，对话就可以继续下去，即使没猜中，也可以立即转变说话的势头，继续交谈。

其实，这一冷读术不仅可以运用到销售活动，还可以应用到平常与各类人交往的活动中，它的好处在于帮助我们操控他人的内心世界，进而进入他人的潜意识，最终实现我们的交往目的。

当然，要让这一冷读术百试百灵，我们必须还得掌握几点小技巧：

1. 事先了解，不打无准备的仗

诚然，这一冷读术能帮助巧妙应付"没说中"的情况，但实际上，多数情况下，人们还是愿意被人"说中"，你一语中的，对方更愿意信任你。另外，事先多了解情况，也能帮助我们顺利做好接下来的沟通工作。拿销售工作来说，我们并不是让客户看了我们的方案就能将产品或者服务卖出去，我们还需要解决更多的问题，让客户从头到尾都满意，销售工作才能有效果。

2. 反应敏捷，以最快的速度回答对方

你回答的速度越是敏捷，越是显示出你对其真的了解，越是能迅速把你带到对方希望呈现的语言环境中。

3. 多备几套方案

以故事中的情况为例，如果我们没猜中客户的苦恼，那么，你就要思虑好会出现另外一种什么情况，然后，针对这种情况，你需要提供新的方案，如果客户存在的问题你并不能解决，那么，你们的沟通就是无效的。这一点，还是要回归到第一点，对客户乃至我们的交往对象多做了解，才能解决好这个问题。

4. 从细小处预知自己是否猜中

很简单，你在提出某个问题后，可在暗中观察对方的反应，如果他面部表情出现欣喜、瞳孔放大等这些细小的变化，那么，就说明你说中了，而如果对方眼神余光瞥向别处或者流露出一丝不屑，那么，就说明你说错了，那么，接下来，你就应该考虑你该如何把控全局了。

总之，要运用好"狡猾否定"这一冷读术操控他人的内心世界也并非易事，还需要我们考虑、观察各方面的因素，方能减少失误，达成目的。

侧写小细节，潜移默化影响人心

现今社会，社交能力已经成为衡量人才的重要标准，无论哪行哪业，社交的重要性已日趋凸显。一个成功人士必当同时是一个社会活动家，他们在与人交际的时候懂得察言观色，懂得侧写术，他们往往都拥有影响身边人的本领，而他们之所以能做到这一点，是因为他们掌握了侧写术的精髓——从细节入手。

现代社会，与人交际，我们也要和这位公关经理一样，要细心观察，才能找出交际的突破口，进而潜移默化影响他人，最终达到我们的交际目的。我们再来看看曾国藩是怎么通过变动一些小细节为自己免除罪责的：

据传，在晚清时期，曾国藩率领湘军与太平军作战，连连失败，伤亡惨重。而按规定历次战役情况必须据实奏报皇帝。当曾国藩在奏折上写下"臣屡战屡败，请求处分"等字样时，可又为必将受到皇帝加罪而焦虑。此时身边一个幕友看了奏章，沉吟片刻说："有办法了。"只见他提起笔来，将"屡战屡败"改为"屡败屡战"。曾国藩连连称妙，拍案叫绝。照此呈报上去，皇帝看了奏折，果然认为曾国藩忠心可勉，很是赞扬了一番。

在这则故事中，曾国藩让皇帝看见的是"屡败屡战"，这句话的意思是即使失败，也百折不挠，坚持抗战，虽然皇帝明白最终的结果是失败了，但会认为曾国藩勇气可嘉，自然也就不会怪罪下来，甚至还给予赞扬。而假如皇帝看见的是"屡战屡败"几字，肯定要认为曾国藩统军作战无能，自然要加罪。

其实，在这两个故事中，主人都是运用侧写术，他们都是从细节处入手，从而产生了一些积极的心理效应，也得到了自己想要的结果。

那么，具体来说，我们该如何做到侧写小细节呢？

1. 会"听"

在这个人才竞争的时代，我们只有提高自己听的能力，听出对方的言外之意和话外之音，然后才能"以牙还牙"，让自己处于有利的地位，并如愿以偿地踏上自己的成功之路。这一点，可以从中国的历代外交辞令中得到证明，精明的外交家，除了能言善辩以外，更重要的是会"听"。

2.会"看"

看出其内心真正的想法，比如，对方的口头禅是"真的"，那么这个人是真老实还是假实在？对方平时是一个沉默寡言的人，一下子变得健谈，这里面究竟有什么猫腻？咬嘴唇、摸下巴，这些小动作又代表着什么？对一个双手抱臂的人讲话，为什么他几乎一句也听不进去……

3.会"问"

不同的人，隐藏的深浅自然不一样，很多时候，我们根本无法通过他人的言行举止洞彻人心，这时候，我们不妨投石问路，采用一点小小的计策，让他人"不打自招"。当然，这种投石问路的方法很多，比如，酒后吐真言只是一个方面而已，还可以利用人的欲望，比如说，金钱的欲望，地位的诱惑等，对方的内心动态以及善恶好坏自然就暴露无遗，中国古代那些慧眼识英才的人，往往会采取这些方法试探所用之人，以免用错了人，真金不怕火炼，人格情操高尚的人，也不会被眼前的诱惑所迷。

除此之外，我们还需要会"想"，这些问题中所牵涉的细节都是人体在潜意识中发出的信号，都是社交活动中读懂对方内心意愿的关键线索。如果你误读了这些细节，就有可能导致一些不良后果——也许一单生意就此泡汤，也许会多树一个敌人，也许会因此造成爱人的离开。生活原本就是由无数细节组成的，如果不注意这些细节，你还能掌控你的生活和社交吗？

可见，侧写术所带来的效应，的确是我们在社交活动中不容忽视的问题，而从细节处入手，更是我们必备的社交能力，它能帮助我们顺利达到社交目的，在社交活动中如鱼得水！

对待固执的人，要逐步侧写渗透其心

现实生活中，我们发现，有这样一类人，他们非常固执，每件事情他都能说出个一二三四，根本不考虑别人的意见，很难跟人合作，人见人怕，别人都不愿意跟他在一起工作。他自己浑然不觉，别人却非常难受。

倘若我们与这样的人意见不合，那么，即使你与他争执，你也很难占上风，因为他根本不给你反驳的机会，但若你能抓住其心理特点，采取曲径通幽的方式，那么，就会容易很多。其实，他们之所以会固执，多半是和他的成长环境有关，在他们与家人、爱人沟通过程中，他们习惯了直来直去，这并没有什么坏处，只是比较难说服。在说服他们的过程中，你首先应该隐藏好自己，不要让他看出你的企图，然后对其恭维一番，再把他放到一个较高的位置上，这样，他们内心的阻抗就会小很多，其态度往往容易转变。

生活中，这些固执的人，他们凡事一经决定，则不可更改。即使明知错了，也要一错到底。有时会出言不逊。即使以礼相待，也往往难以被接纳。

从心理学上讲，顽固之人心底往往是脆弱和寂寞的，较一般人更渴望理解和安慰。如果我们持之以恒，真诚相待，适时加以恭维，时间长了，或许能博得好感，转化其态度，甚至被认同而成为知音。

需要指出的是，"侧写渗透"，不是消极地耗废时间，也不是硬和人家耍无赖，而是要善于采取积极的行动影响对方、感化对方，促进事态向好的方向转化。比如，求固执的人办事，有时候对方推着不办，并不是不想办，而是有实际困难，或心有所疑。这时，你若仅仅靠行动去"渗透"很难奏效，甚至会让对方很烦，更不利于办事。这时嘴巴上的功夫就显得十分重要了。要善解人意，抓住问题的症结，巧用语言攻心。

表面上看这种方法很简单，但却并不容易做好。要想用此方法达到求人目的，需要把握好以下两个条件：

首先，必须控制好自己的情绪，要有打持久战的准备；

在现实生活中，有些人是火爆脾气，一旦遇到一些烦心事就恼火甚至发怒，其实，这样并不能帮你解决问题。因此，你要告诉自己，凡事要冷静，不要冲动。并且，你要学会忍耐，多对他人表示理解，只要能做到这点，那么，你就能"反客为主"，就能控制整个交谈进程。

可能你会认为，"侧写渗透"需要消耗大量的时间，但实际上，时间恰恰是我们打好这一仗的有力武器，因为，任何人都不想浪费时间，也耗不起时间。所以，只要你能克制住自己，摆出一副"打持久战"的架势，便会使对方最后妥协。所以，你一定要沉住气，耐心地牺牲一点时间，成功就会等着你！

其次，必须是"赞美""哀求""硬磨"三种方法一起上，缺少一种都达不到让他哭笑不得的效果，也就难以达到你想要的结果。

总之，"侧写渗透"是一种打开固执的人心灵的成功诀窍，它考验的是你的耐力，只要你坚持，你就能获得积极的效果，你应该表达出自己不达目的誓不罢休的决心，让对方看到你的态度，就能影响对方对你的态度。

第 4 章

眼能说话：从眼部微动作解读他人内心

　　人们常说，眼为心神，眼睛是心灵的窗口，更是影射内心的一面镜子，无论一个人心里正在打什么主意，他的眼神都会立刻忠实地告诉别人，他在想的是什么。因此，在我们与他人交流的过程中，我们完全可以通过对方眼睛的形状、大小以及眼部的动作、眼神的转移来窥探他的心理活动，也就是说，通过眼睛这扇小窗户，我们往往能听见"千言万语"！

眼为心门，双眼能透露出什么信息

在人类的感觉器官中，眼睛是重要的器官之一。科学家经过研究证实，人类有80%的知识都是通过眼睛观察得到的。眼睛不仅可以读书认字、看图赏画、欣赏美景、观察人物，还可以辨别不同的色彩和光线，然后将这些视觉、形象转变成神经信号，传送给大脑，从而增强人类的记忆能力。

人们常说，眼睛是心灵的窗户。灵魂储藏在你的心中，闪动在你的眼里。孟子在《离娄章句上》中有一段观察人的眼神来判断人心善恶的论述："存乎人者，莫良于眸子。眸子不能掩其恶。胸中正，则眸子瞭焉；胸中不正，则眸子眊（眼睛昏花）焉。听其言也，观其眸子，人焉廋（藏匿）哉？"眼神毫不掩饰地展现了一个人的学识、品性、情操、性格等。戏剧表演家、舞蹈演员、画家、文学家、诗人都着意研究人们的眼睛，认为它是灵魂的一面无情的镜子。

在交谈过程中，眼睛是仅次于语言的重要工具。人与人之间除了需要语言的交流，眼神的交流是必不可少的。在人类的面部表情中，眼神是最为微妙复杂的，不管是用眼神表达信息，还是准确地理解别人的眼神所表达出来的信息，都非常困难。很多时候，眼神是无法掩饰的，因为它往往更能真实地表达出一个人的品质、修养以及心理状态。如果能够充分地理解别人的眼神所表达的意思，那么你就能够觉察到对方真实的内心世界，从而更好地与之交流。

杜红是刚毕业的一名学生，幸运的是，她应征上了一家大型公关公司的策划人职位，成为人们常羡慕的白领一族。

上班第一天，她带着谨慎来到公司，如她所料，办公室果然是美女如云，站在人群中，杜红突然有一种"丑小鸭"的感觉，正在想时，一个美女走过来，热情地冲杜红打招呼，杜红自然也是热情地回应，然后杜红也打量了这位同事，颇有王熙凤的风范：一身很惹眼的名牌，而正当这位同事和自己说话时，她看到其他好几个同事都投来鄙夷的眼神，杜红认识到这应该是一个不受欢迎并且爱表现的同事，然后她给自己敲了一个警钟：以后不要和这位同事深交，否则不仅在职业上没有上升的空间，还得罪了所有人。

上班的第一天，根据自己的观察，杜红把办公室的同事以及领导都划归为几个类型。并用不同的方式与他们每个人相处，果然，不到半年，她就在一片支持声中升职了。

现代社会的职场人士，除了要具备一定的职业能力外，还必须学会怎么和同事、上司相处，杜红的聪明之处，就是在上班的第一天，通过同事们的眼神了解到办公室的同事关系，给自己打了不同的预防针。

那么，不同的眼神有什么不同的含义呢？下面，让我们一起来学习学习。

1. 眼神能反映一个人的自信程度

一般来说，自卑的人，眼神往往躲躲闪闪，很难长久地注视别人，一旦发现别人在注视他，就会将视线突然移开；性格内向的人，无法将视线集中在对方身上，即使偶然看对方一眼，也是一闪而过，这种人往往不善交际；相反，那些自信的人，他们的眼神是笃定的，坚定不移的。

2. 眼神能反映一个人的专心程度

三心二意的人，听别人讲话时一边点头，一边左顾右盼，从来不把视线集中在谈话者身上，这说明听话的人对说话的人以及说话人所说的话题不感兴趣。凝神倾听的人，总是将视线集中在对方的眼部和面部，以表示对对方的尊重和理解；心不在焉的人，注意力集中在自己正在干的事情上，非但不看对方说话，而且反应冷淡。

3. 眼神能反映一个人的情感

如果两个人彼此心存好感，那么说话的时候往往喜欢注视对方的眼睛，以达到眼神的沟通、心灵的交流；相反，如果两个人话不投机，就会尽量避免注视对方的目光，以消除不快。此外，漠视的眼神给人一种拒人于千里之外的感觉，还有一种轻蔑的意思在里面；睐视也是不太友好的语言，给人一种睥睨和傲视的感觉。

4. 眼神能透露出对方的精神状态

一个健康、精力充沛的人的眼睛通常明亮有神，眼睛转动灵活机警，眼光清澈、水分充足；

一个疲劳的人眼睛就会显得乏力无味、目光呆滞、眼光混浊；

一个乐观的人眼睛通常充满笑容，善意十足；

一个消极的人往往眼睛下拉，不敢正视别人的眼光。

在人际交往中，眼神的交流作用非常重要。很多时候，眼神是无法掩饰的，因为往往更能真实地表达出一个人的品质、修养以及心理状态。如果能够充分地理解别人的眼神所表达的意思，那么你就能够觉察到对方真实的内心世界，从而更好地与之交流。

看眼识人，从双眼探测他人性格的秘密

俗话说："言为心声"，其实，眼睛才是写在脸上的心，我们不如说"眼为心声"更恰当。一个人的性格、内心想法、生存状态等都会毫无隐瞒地显现在他的脸上，因此，即便是静止的双眼，也在透露性格的秘密。我们先来看下面一个案例：

刘毅是一名暖气片业务员，刚进入冬天不久，生意逐渐地火爆起来了。

这天早晨，刘毅一大早就敲开了一家装修公司经理的家门。对方把他让到了家里，入座之后，刘毅并没滔滔不绝地介绍自己的暖气片的功能和特点，而是先和客户聊起了家常，因为在一进门的时候，他就注意到了客户有一双深陷的双眼，根据他的识人经验和心理学课程的学习，他大致可以推断出，这位装修公司经理应该遭遇过不少挫折，人生经历应该比较坎坷，于是，他尽量把话题引到了这一点上，果然，在交谈中，他得知，客户虽然现在小有成就，但幼年就丧父丧母，没有多少文化知识，几次被人领养，在创业的过程中，也曾被合伙人算计而损失惨重。客户在说到动情之处，还几乎流出泪来。

在一番畅谈之后，客户很爽快地与刘毅签下了十几万的大单子。

刘毅总是对公司的新人说，做生意一定要懂点识人术，能帮助你更快捷地拿下订单。

从这个故事中我们可以了解到，客户的眼睛影射出了他的心理倾向，刘毅正是抓住了这一点，了解了客户的心理，进而成功地完成了交易。当然，除此之外，任何一场人际交往，我们都要学会从对方的眼睛入手，因为眼睛往往能把对方的态度和倾向泄露出来。掌握了对方的性格、心理倾向，往往能帮你做成"僧衣"。

下面是一些简单的参考，可以帮你读懂人心。从社会调查结果看，可以对不同的眼睛类型做出如下概括：

1. 眼睛大且眼珠大的人

此类人一般富有激情、有动力、观察力强、行动敏锐、待人热情，但容易三分钟热度，一腔热情冷却得也快，很容易被周围人的意见所左右，最终放弃自己的想法。这类人要想获得一番成就，一定要克服做事虎头蛇尾的习惯。

2. 眼睛偏小，眼睑外部朝下，白眼球较多的人

这种人心思缜密、功利心重，做事诡异、不遵循常规，熟识他们的人会认为他们阴险狡诈，不愿与其交往。

3. 有眼袋，眼角上翘者

这类人人际关系较好，深得异性和长辈的喜欢，他们能迅速适应周围环境的变化，在新的环境里，能迅速与人打成一片。

4. 两眼对称者

这类人多半做事情中规中矩，珍惜时间，能合理安排自己的生活和工作、感情和事业，可以成为一个成功者。

5 眼窝深陷者

这些人因为人生挫折不断而显得深沉，做事会考虑他人的感受，会详细周到，是可信之人。

6. 眼球外凸，眼睛大而明亮者

这种人智商高、个性独立、无论是工作还是学习上，都是突出者。

如果他目光敏锐，那么，他是天生的领导者，能掌控周围的人和事，手腕强硬。清末民初的枭雄袁世凯就是这种特征，外国记者评论说：他有一双智慧而又充满魅力的眼睛。能被李鸿章赞赏为"当今之世，无出其右者"，也就不足为怪了。

如果他目光显露出天真无邪，其人缘较好，大家都喜欢这样的朋友，聪明又够意思。

7. 眼珠黑而明亮者

这就是被人们称为长有"童子眼"的成年人，因为一般情况下，成人的眼球是咖啡色的，假若一个人在成年之后眼球还是偏向黑色，而且明亮的人，他应该还有童真，这类人为人胸无城府，待人真挚，但小心容易受骗，包括感情方面。

8. "鸳鸯眼"或"大小眼"者

无论男女，如果他的两只眼睛能从外观上看出来一大一小的，就被称为"鸳鸯眼"或"大小眼"。鸳鸯眼的人，观察力强，头脑聪明，而且特别懂得人情世故和待人接物，深得周围的人喜欢，另外，在情感路上也会多姿多彩。

众生百相，不同的人也生有不同的眼睛，一个人眼睛的大小、轮廓、形状等，也能帮助我们迅速判断其性格类型和内心动态。

从眼神的变化来解读一个人的内心世界

在人的脸部，眼睛是最灵动和敏感的，它是心灵的一扇窗户，眼神所反映出去的信息往往传递的是另一种动人心弦的真情。诚如人们所说的"会说话的眼睛""眼睛是灵魂之窗"，人在各种时候，不同的思绪动向会反映在眼睛中。通常人心中所想的事物，眼睛会比嘴巴还快说出来，而且几乎不隐藏。正如文豪爱默生所说："人的眼睛和舌头所说的话一样多，不需要字典，却能从眼睛的语言中了解整个世界。"因此，那些犯罪侧写师，经常捕捉罪犯瞬息万变的眼神来洞察对方的内心。

犯罪心理学家曾讲过这样一个故事：

曾经有个叫詹姆士的建筑家，他发明了一种可以防止偷盗行为的方法，那就是画一幅皱着眉头的眼睛抽象画，镶于大透明板上，然后悬挂在几家商店前。果不其然，那段时间，店铺的偷盗案件迅速减少，当有人问他原因时，他说："我画的虽然并不是真正的眼睛，但对那些作贼心虚的人来说，却构成了威胁，极力想避开该视线，以免有被盯着的感觉，因此，便不敢进商店内，即使走进商店里，也不敢行窃了。"

这就是眼神的力量，那些小偷看见的虽然是假的眼神，可是有种心虚的感觉，心理作用让他不敢再偷盗了。所以要解读一个人的内心世界，从眼神入手最好不过。

我们在与人交际的过程中，也可以选择观察别人的眼神来洞察他的内心世界，比如说：开心的眼神透露的是水亮有神，笑容灿烂；尊敬的眼神表明他有点害怕，笑容勉强；爱慕的眼神是眼神迷蒙，笑得腼腆的；困扰的眼神是深邃无神，若有所思，眉头紧锁。

具体说来，我们可以从不同方面来看：

（1）如果你和对方交谈时，对方的双眼突然明亮起来，表明他对你将要说的话题很感兴趣，也可能是你的话对他来说正中下怀。

（2）如果不管你说什么有趣的话题，对方的眼光总是灰暗的，可能他正在遭受某种不幸或者遇到什么不顺心的事。

（3）当对方瞳孔放大、炯炯望人、上睫毛极力往上抬，表明他对你的话感到很惊恐。

（4）如果你能通过余光发现对方正在斜眼瞟你，表明他想偷偷地看人一眼又不愿被发觉，如果对方是异性，可能传达的是害羞和腼腆的信息。

（5）眼睛上扬这是假装无辜的表情，这种动作是在佐证自己确实无罪。

（6）眼睛往上吊，说明对方有某种不愿为别人知道的秘密，喜欢有意识地夸大事实，因此不敢正视对方。

（7）说话时喜欢眼睛下垂的人，一般比较任性，凡事只为自己设想，对于别人的事漠不关心，甚至对别人的观点常抱有轻蔑之意。

（8）挤眼睛是用一只眼睛向对方使眼色表示两人间的某种默契，它所传达的信息是："你和我此刻所拥有的秘密，任何其他人无从得知。"

（9）眼神游离。这种眼神背后，一般都是在算计，在心中打小算盘，一个人，如果常常会出现这样的眼神，那么，他多半是工于心计、城府较深的人。

这类眼神传达的信息可能有两种：一种是聪明而不行正道，另一种是深谋内藏、又怕别人窥探。前一种眼神多是品德欠高尚、行为欠端正的表现，后一种眼神多是奸心内萌、深藏不露的表现。

另外，在说话时眼神闪烁不定者，一般表示精神的不稳定。据一些法律资料显示，犯罪者在坦承罪状之前一般都会有这样的状态。这大抵是因心中藏有某事或有所愧疚所导致。

（10）眼神转向远处。在谈话中，对方如果时时流露这种眼神，多半是因为并不注意你所说的话，心中正在盘算其他的事。如是进行交易的对手，那么他必然在心中做着衡量、计算，思索着如何在这场交易中谋取最大利益的策略。如果是没有利害关系的交谈对象，而对方并不专注于你的谈话，那一定是有其他的事情盘踞心头。

上述这些以眼读人术可以使我们在与人交谈过程中，迅速了解对方内心所思所想，在开口说话的时候，就能说出对方喜欢的话。当然，这只是一些简单情况的概括，我们在遇到不同的交际对象的时候，还应该运用具体的观察方法，做到有的放矢，这样，你才能游刃有余地与人交往和应酬！

总之，眼球的转动、眼皮的张合、视线的转移速度和方向、眼与头部动作的配合，都在传递着一些信息，传递着一个人内心的秘密。当然，每个人的心理活动是很难从单独一个眼神可以看透的。还要同其他因素结合起来才可以得出答案。比如说面部表情、行为、动作。

通过视线来观察对方的心理

我们都知道，人类是一种视觉动物，眼睛是人获取90%信息的来源，同时也是传达信息的重要途径，除了语言、表情、动作以外，从人的视线中也能获得很多非常重要的信息，可以从中分析对方的心理。

下面是心理学家对此作出的几点分析：

1. 目光突然变成斜视，表明藐视、拒绝或者提起兴趣

细心观察，你会发现，在商业谈判中，彼此对立的双方会有这种眼神。

还有个特殊的情况，那就是一旦人们对某个人或事产生兴趣时，视线也会产生这样的变换。尤其在初次见面的异性之间，经常能见到这种眼神，多出现在女性身上。也就是说，如果你是一名男士，在某个场合，有个不太熟悉的女孩子对你产生这样的视线变化，那么，表明她对你有兴趣，遇到这样的情况，如果你也对她感兴趣，你可以鼓足勇气找她谈话，给彼此一个结识的机会。

2. 视线突然转向远方，表明对方对你的谈话不关心或正在考虑别的事情

如果和你交谈的是你的交易方，那么，很有可能他在心里盘算你的话，盘算怎样才能使自己获得最大利益。如果他的视线转移后变得凝

视于一点，那么，假设你是卖方，他有可能为你提供的产品是次品；而假设对方是买方，他很有可能无法支付货款，你最好不要将大量产品一次性出售给他。总之，遇到这样的情况，你就该问："你有什么烦恼的事情？"以从对方口中探知原因。如果对方慌张地说："不！没有什么事……"这时，应当斩钉截铁地与他中断洽谈，可以对他说："以后再谈吧。"

第二种情况，如果和你交谈的是你的恋人，此时，假设对方是你的女友，她在与你谈话时总是将视线转到远处，这表明她在思考别的事，或许是对你们的未来没有信心，或许是她心里已有他人，对你说不出口。出现这种情况，你不妨用试探的口气问她："有什么麻烦吗？告诉我，我们共同解决。"

3. 对方做没有表情的眼神，表示心中有所不平或不满

可能你会认为，没有表情的眼神应该是内心没有波动的情况下才有的，这种想法是错误的。人的思维产生变化时，会有不同的表现，有的闭起眼睛，有的则呆滞地望着远方，还有的则会做出毫无表情的眼神，一旦思维整理妥当或产生新的构思时，眼睛则显得很有神，或出现有规律的眨眼现象，这也是接着将要说话的信号。所以，交际中，面无表情不是好现象。

举个例子，如果你和你的女朋友交谈时发生不快，女孩突然毫无表情地告诉你她要回家了，那么，她心中很有可能是对你不满。

再如，如果你想邀请一位朋友，但他的性格有点懦弱，他本来想拒绝你，但不好开口，这时他们也会有这样的表情，遇到这样的情况，你一定要倍加关心地问："你什么地方不舒服吗？"

4. 对方眼神发亮略带阴险时，表示对人不相信，处于戒备中

人与人之间初次见面，如果对方有这样的眼神，而你觉得自己并没

有做错什么的话，很有可能是他曾经听到过一些关于你的负面消息，当然，这一消息很有可能是不实的，你要做的就是尽快澄清误会。

那些打扮太过妖艳或奢侈的女性，走在大街上，也很容易招致这种眼神。

当然，除了以上介绍的三种情况外，我们还需要注意的是，一个人在感到内疚或做了对不起对方的事情后，总是试图回避对方的视线。所以，当一个人的眼神游离不定时，他可能在隐瞒什么事情。

不过，目不转睛不一定代表对方就是在说真话。因为如今多数人都知道避开视线有说谎的嫌疑，有些人为了不被看穿，也练就了说谎时眼睛一动不动的技巧。

另外，行为学家亚宾·高曼通过研究认为：对异性瞄上一眼之后，闭上眼睛，即是一种"我相信你，不怕你"的体态语。所以，当看异性时，并不是把视线移开，而是闭上眼后，再翻眼望一望，如此反复，就是尊敬与信赖的表现。尤其当女性这样看男性的时候，便可认为有交往的可能。

视线的交流是沟通的前奏。一个人的视线可以从不同角度和不同的观点来了解。其一，对方是否在看着自己，这是关键；其二，对方的视线是如何活动的；其三，视线的方向如何，也就是观察对方是否以正眼瞧着自己，或以斜眼瞪着自己；其四，视线的位置如何，究竟由上往下看，或者是由下往上看？其五，视线的集中程度。这些表现所代表的意义是各不相同的。

总之，透过人的视线，更能窥探出人的内心活动。人们在社会生活中，如果内心有什么欲望或情感，必然会表露于视线上。因此，如何透过视线的活动了解他人的心态，对人与人之间在交往中的心理沟通，具有重要意义。

瞳孔会告诉你最真实的感觉

从医学角度看，在人的五官中，眼睛是最灵敏的，其感觉领域几乎涵盖了所有感觉的70%以上。因此，视觉被称为"五官之王"，足以支配其他的感官。我们举个简单的例子，假设你在一间黑暗的房间里，但此时你已经饥肠辘辘，对于端上来的食物，你会不假思索地食用吗？大概不会吧！而假设你在灯光柔和的餐厅里，你的食欲是否会立即大增？可见，品尝食物，我们绝不仅仅靠味觉。

以品尝食物为例，我们绝不会只靠味觉，而是会同时注重食物的色香，以及装盛方式或排列方法等。因为这些都是视觉影响心理的现象。

在古希腊神话中，有姐妹三怪人，外人只要一接触其中一位名叫梅德莎的眼光，便立刻化为石头，这个神话故事充分说明了眼神的威力。

因此，眼能传神，能表现人的心理内容的说法，是非常有道理的。事实上，单就一个人的眼部动作而言都是很多的，其中就包括瞳孔的变化。

瞳孔主要受两组肌肉支配：瞳孔括约肌，其收缩使瞳孔缩小；瞳孔开大肌，其收缩使瞳孔扩大。瞳孔括约肌受第三对脑神经动眼神经支配（属副交感神经），瞳孔开大肌受交感神经支配。人死后脑活动停止，使脑神经停止兴奋（即副交感神经作用下降），导致交感神经作用被表现出来，是瞳孔开大。当人受惊吓或情绪剧烈波动时的瞳孔放大也是交感神经兴奋的结果。

据说，古代波斯的珠宝商人出售首饰时，就是根据顾客瞳孔的大小来要价的，如果一枚钻戒的熠熠光泽能使顾客的瞳孔扩张，商人就把价钱要得高一些。这种瞳孔放大的情况生活中经常发生，人们凡在出现强烈兴趣或追求动机时，瞳孔会迅速扩大。

因此，我们可以得出结论，观察一个人的瞳孔的变化，我们大致就能够推断出他内心的活动。我们先来看下面一个故事：

小陶是某智能玩具公司的市场营销员，作为新手，公司给他划分了一片区域。小陶明白，他只有完成这一销售任务，才能在公司站稳脚跟，因为作为销售人员，良好的业绩才是硬道理。

小陶是个聪明的人，在开始推销前，他做足了准备工作，其中就包括看心理书籍，他了解到，客户通常会表现得对产品毫无兴趣，但他们的眼睛撒不了谎，如果客户有意购买，通常会放大瞳孔。

这天，小陶还是和往常一样，敲开了某住户的门，小陶向对方介绍了公司的智能玩具，对方很感兴趣，但一提到价钱，对方马上态度冷淡下来，但小陶知道这并不代表客户放弃购买，于是，他将产品贵的原因一五一十地告诉了客户，客户这才消除了异议，最后顺利成交。

案例中，销售员小陶是个善于打有准备之仗的人。的确，一个人在听我们说话时看上去心不在焉，但是他黑眼珠深处的瞳孔在慢慢扩大，那么这表明，他看似满不在乎，实际上内心对我们谈论的事情有着强烈关注。

可见，一个人无论采取什么方法掩饰自己的内心活动，我们都能通过观察对方的瞳孔变化来探知其内在想法。在恐怖、紧张、愤怒、喜爱、疼痛等状态下，瞳孔都会扩大；而在厌恶、疲倦、烦恼时则会缩小。这些都表明瞳孔活动与心理活动有着十分密切的关系。

美国芝加哥大学的心理学教授埃克哈特做过一个实验：参与实验的有男有女，他们收到一些照片，埃克哈特教授观察这些人看到照片瞳孔的变化，最后，他得出结论：不同性别的人看到不同的照片，瞳孔的变化会完全不同，比如，男性看到性感女性照片时，瞳孔平均扩大了20%。女性看到小孩子的可爱照片时，瞳孔平均扩大了25%。

这个实验证明人类瞳孔的大小不仅会随周围光线明暗发生变化，还受对目标关心和感兴趣程度的影响。

　　后来，又有实验者称，通常，婴儿和幼童的瞳孔比成年人的瞳孔要大，而且只要有父母在场，他们的瞳孔就会始终保持扩张的状态，流露出无比渴望的神情，从而能够引来父母的持续关注。这也就是卖得最好的儿童玩具总是把儿童广告模特的瞳孔弄成超大尺寸的原因。

　　有趣的是，心理学家还发现除了视觉刺激，其他感官也可引起瞳孔的变化，如呈现在眼前的一盘美味食品同样会使人的瞳孔扩张，饥肠辘辘的人扩张得更大些。如果加上吞咽唾液的动作，就构成了人们常说的那种"馋相"了。

　　我们常听到恋爱中的一个词汇——一见钟情，其实，之所以男女双方会来电，就是通过眼神来传递信息的。我们经常看到女人喜欢给眼部化妆，其实也是为了让眼睛看起来更有神采，一个女人要是想吸引某个男人的注意，她就会在注视那个男人时表现得瞳孔扩张。如果这是个聪明的男人，也对这个女人感兴趣，那么，它就能读懂女人发出的信号而一见钟情。

　　一对热恋中的情侣在互相看对方时，也会不知不觉地寻找对方瞳孔扩张的信号，而且彼此都会被对方扩张的瞳孔激发出兴奋的情绪。

　　总之，有句老话说的是，在跟别人交流想法或者是谈判时，"要好好看着对方的眼睛"。但是我们觉得更好的做法是"好好看着对方的瞳孔"，因为瞳孔会把他们心中最真实的感受告诉你。

第 5 章

巧"手"能言：手部微动作心理分析

　　生活当中，经常有一些事是人们不愿说出来的，在相互的猜测中，你是否因为不能正确理解周围人的感受而使彼此受到伤害呢？其实，能帮助我们洞察人心的方法有很多，其中从人的手指这一部位入手，分析人的手部动作传达的一些秘密，也能帮助你找到隐藏在肢体动作中的潜台词，因为就算我们嘴上的花言巧语再多，手都会不知不觉泄露撒谎者的秘密，因为手部动作不像面部表情经常会加以伪装。

小小手势暗藏的玄机

在人类的各种肢体语言中，手势的动作幅度是最大的，同时，方式也更加多样和灵活。在人类的进化过程中，双手是劳动不可或缺的关键部位，因此发挥了至关重要的作用，推动了人类的进化历程。我们都知道，一个人的语言可能会欺骗你，但是他的身体语言不会。人们可以在语言上伪装自己，但身体语言却经常会"出卖"他们。因此，解译人们的手部语言密码，可以更准确地认识他人。

FBI特工克里斯·基特在多年的办案中，发现这样一个有趣的手部动作：当他向罪犯询问情况时，罪犯一开始都会为自己做强有力的申诉，并不时用尖塔式手势加以强调，而一旦谎言被揭穿后，罪犯便会立即把拇指伸进口袋，以掩饰内心的惶恐和不安。

可见，手部的动作可以在一定程度上反映你的心理活动。我们再来看下面一个故事：

青青在一家民营企业工作，她在大学学的是心理学，对人的心理颇有研究，为此，公司让她全权负责对外谈判业务。

最近，公司正在与一家大型外企接洽，能否做成这单生意关系到公司下半年的经济效益，为此，老总给青青下了死命令，务必要顺利拿下订单。

　　经过一系列的准备后，青青带着项目书亲自到外企拜访，进行深入沟通，以使项目设计更加完美。在交谈的过程中，青青看到对方负责人拿出了一张A4纸，上面密密麻麻地写满了对项目的意见、建议以及不满意的地方。不知不觉之间，对方负责人还把双手交叉放在了胸前，脸上写满了质疑。见此情景，虽然对方负责人并没有明确说什么，但是青青马上拿出了十二分的精神，停止了解释，而是一项一项地开始按照客户的意见完善方案，即使觉得客户的方案不好，她也没有反驳，而是有理有据地把自己的设计方案为客户演示了一遍。在青青专业、敬业、耐心、真诚的演示下，客户的双臂渐渐地放了下来，投入了与青青的讨论之中。至此，青青才松了一口气。最终，她顺利地为公司签下了这个大订单。

　　这则职场故事中，我们发现，青青是聪明的，在她看到客户把双手交叉放在胸前时，就立即意识到这是客户想拒绝和否定的意思，于是，她及时调整策略，成功地打开了客户的心扉，最终才能顺利签约。相反，假使她看不懂客户的手势语言，而是选择一味地解释，那么，客户肯定会认为她是在强词夺理，从而更加反感她。由此可见，小小的手势也暗藏着玄机。

　　可见，手势语言能够生动地反映人类的内心世界。如果能够详细了解这些手势的含义，就能帮助你更加顺利地洞悉他人内心。比如，在现实生活中，很多时候，人们都会摩擦手掌，因为摩擦手掌代表着丰富的含义，适用于各种情境。摩擦手掌的时候，速度不同，反映的心理状态也不同。摩擦得慢，表明犹豫不决；摩擦得快，表明满怀期待。

　　我们在与人交流沟通时，即使不说话，也可以凭借对方的手势来探索他内心的秘密，通常情况下，我们可以作出以下总结：

　　一、如果对方有以下动作，表明他可能在说谎：

（1）当你与对方交谈的时候，你发现他有这样的动作：不时地拉衣领，说明其心虚。此时，你可以这样试探他："请你再说一遍，好吗？"如果对方支支吾吾，前言不搭后语，则对方极有可能在说谎。

（2）如果一个人说话时下意识地用手遮嘴或摸鼻子，则代表其有说谎的嫌疑。

二、如果对方说话出现以下动作，表明他对你所说之话抱有消极的态度：

（1）当你兴致勃勃地表达自己的观点时，对方却不时地抓耳朵，表明他对你的话已经不耐烦了，他希望你打住话题，也可能他希望你能给他一个表达的机会。

（2）如果与你交谈的是一个群体，当你说话时候，他们多出现了交叉双臂或用手遮嘴的动作，则表示他们根本不相信你的话。

（3）说话时用手搔脖子表示人们对所面对的事情有所怀疑或不肯定。

三、为了获得他人的信任，产生积极的谈话效应，我们可以尽量做出以下动作：

（1）说话时，尽量手心朝上，因为这一动作所传达的信息是：我是坦诚的、不说谎的。

（2）摊开手掌以赢得他人的信任，但如果这是你的习惯性动作，那么，就不灵了；

（3）握手时掌心向上，并垂直与对方握手，能表明你性格温顺，为人谦虚恭顺，愿以彼此平等的地位相交。

可见，我们与人交往的过程中，如果能掌握一些手势信号的话，就可以查看出对方的内心活动，从而来判断他的用意、心思，这远比语言更具真实性！

喜欢用手指玩弄头发意味着什么

我们都知道，人的手部动作有很多种，不同的动作会传达出不同的心理信息。可能你曾有这样的疑问：在与你交谈的过程中，坐在你对面的对方总是喜欢用手指玩弄头发，这是习惯还是下意识动作？我们不能排除前者这一原因，但大部分情况下，人们之所以会有这样的手部动作，是因为他内心紧张，不断地拨弄头发，能帮助其缓解压力。如果你能看到这一细小的手部动作的背后含义，并作出具体的应对措施，能帮助你成为一位善解人意的人。

对此，我们不妨先来看下面的故事：

胡鑫攻读完心理学硕士研究生以后，被一家心理学机构高薪聘请，但缺乏实战经验的他被安排在最底层实习一个月，自然，这在情理之中。

有一天下午四点左右，他遇到一个麻烦的客户，很多问题他解决不了，大家都在忙，他想，去问主管吧，刚好可以交流一下。当他敲门进去的时候，主管正在看一本杂志，胡鑫还在想，做领导真好，这么悠闲。于是，胡鑫慢慢地把事情和领导说清楚，可是胡鑫却注意到了领导的一个动作：领导在听自己说话的时候不断地用手拨弄自己的头发，领导的头发很短，很明显，这不是头发乱了的原因。根据胡鑫曾经看过的心理学书籍，他知道，领导大概是遇到了什么事情，有巨大的压力，再一看，领导办公桌上有一封信，并不是公司信件，胡鑫明白了，估计刚刚主管看杂志也是想让自己镇定下来，于是，为了不打扰主管，胡鑫找了个理由离开了办公室。出来办公室后，胡鑫问了主管秘书到底是怎么回事，原来是主管在美国的老父突然病逝，昨天寄来的信。

这天下班后，胡鑫并没有着急回家，而是等在公司大厅，后来，主管出来了，胡鑫拍了拍他的肩膀说："不要伤心了，走，去喝一杯。"主管先是一惊，胡鑫是怎么知道的？但无论如何，他还是答应了。那天晚上，半醉之下，主管跟胡鑫说了很多掏心窝子的话，尤其是老父亲是怎么辛苦培育自己的。

经过那次之后，胡鑫便和主管在私下成了最铁的朋友。

毕竟是学心理学的，从领导的几个小动作中，胡鑫就看出了他有心事急需平静，便不再打扰，聪明的他很快又从秘书那里得知到底发生了什么事，然后他便充当了一个知心朋友的角色，领导就会感觉得到胡鑫的善解人意，关系自然会拉进一步。

从这个故事中，我们不难发现一点，人们的很多不经意的小动作其实并不是习惯使然，而是有一定的心理原因的。比如，玩弄头发就是心理解压的象征。当然，有同样含义的动作还有很多种，比如，拨弄外套上的纽扣，把餐巾纸折来折去。他也可能不断地变换坐姿，抖脚，手指头像弹钢琴般来回敲打桌面。

那么，此时，我们该怎么做呢？对此，你应该做的是让他分心，阻止他继续钻牛角尖。否则，压力就像滚雪球般越滚越大，切忌不断地逼问他到底发生了什么事。贴心的你可以将心不在焉的他拉回现实，邀他到公园散步、唱歌、跳舞、运动、看电影等，依赖另一种活动引起他的兴趣。在从事这些舒缓压力的活动中，一般来说，他是能从烦心事中抽离出来的，此时，他便极有可能将导致压力产生的原因告诉你，你们之间的关系必定会更近一步。故事中的胡鑫所选择的处理方式便是陪领导喝一杯，酒逢知己千杯少，几杯酒下肚，对方自然会对你心掏肺，内心的压力也就倾诉出来了。当然，许多时候，他也未必透彻了解自己的烦心事因何而来，这需要你慢慢引导。

当人们有不断用手指玩弄头发这样的一些肢体动作特写时，那么，排除一些其他因素的情况下，说明对方有一定的心理压力，我们应该做的是帮助对方从烦心事解放出来，做个贴心的人，你的人际关系会越来越好。

十指交叉意味着什么

我们都知道，人的手是由手掌和手指组成的，不难想象，手指能产生更多的动作。在人际交往中，想必你会发现，不少人在交谈时有双手手指交叉的动作，这一动作是不经意的习惯还是暗藏了什么玄机呢？

实际上，当一个人十指交叉于身体的不同部位时，它所体现的情绪和心理都是不同的，学会通过手势解读对方内心的真实想法，对我们做事情来说是有百利而无一害的。

犯罪心理学家讲过这样一个心理学故事：

布朗克是一名经验丰富的司法审讯人员，常被同事们开玩笑称为"神探布朗克"，有一次，他接到上级命令，要对一个巨大的跨国诈骗集团的头目进行审讯。

这名犯罪嫌疑人叫杰森，曾就读于国外一所名牌大学的金融系，还同时拿到了法律系的毕业证书，可以说是一个人才，他深谙如何钻法律空子挣钱。

刚开始，审讯工作很难进行，因为杰森确实太聪明了，他也很熟悉警方的办案程序和审讯程序。表面上看，无论布朗克问什么，他都很配合地回答，但他的答案简直滴水不漏，布朗克根本找不到任何破绽，他根本分不清杰森哪句话是真的，哪句话是假的。就这样，布朗克审讯了杰森好几天，布朗克为此很担忧，因为根据规定，如果扣留嫌疑人一定的时间再找不到证据，就必须要放人，布朗克告诉自己，决不能让这个犯罪分子逍遥法外。最后，倍感焦急的布朗克接受了他学心理学的妻子的一个建议——看对方的无声语言：手势。

后来，布朗克派人悄悄地在审讯室里装了几台摄像机，这样，他便能在审讯结束后看清楚杰森的一举一动。

果真，在看录像带的时候，布朗克发现，嫌疑人的手势发生了改变：在回答某些问题时，杰森的双手很自然地放在腿上一动不动。在回答另外一些问题的时候，虽然杰森的眼睛依然十分镇定、真诚地看着布朗克，回答的内容也没有任何破绽，但双手开始不自觉地做十指交叉状。布朗克以此为线索展开案件调查，终于把犯罪分子绳之以法。

也许直到锒铛入狱的那一天，犯罪分子也无法理解自己哪里出了纰漏。其实，帮助布朗克刚破案的关键就是"十指交叉"暗喻的心理，十指交叉是掩饰自己内心真实想法的外在表现。

的确，生活中，也许我们会经常做出十指交叉这一手势，我们会认为这是个不经意的动作，而实际上，这一动作也是一个内心情绪的体现，当然，十指交叉手势，手位置的高低与消极情绪的强弱有关，较高位置的十指交叉比较低位置的十指交叉更消极、更抵触。

具体来说：

1.十指交叉，双手紧握

此时说明对方已经开始自我否定了，他的内心是沮丧和消极的，如果你与他较量，那么，此时就是你一举拿下对方的最好时机。

2.十指交叉，放在大腿上，并且伴有拇指指尖相顶

说明此人处于比较尴尬的境地，不知如何自处，或者是谈话内容让他感到进退两难。当对方出现这种手势的时候，我们不妨给出几个建议，让他进行选择。

3.十指交叉，自然放置

说明对方此时心平气和，并且比较自信。此时，如果你希望对方接受你谈话的论点，那么，想必你要找出一些强有力的证明来了。

4.十指交叉，一手手指抚摸另外一手

这一动作说明此人内心比较不安、焦虑，或者处于高压或怀疑的情况下，他这一动作是为了安慰自己的大脑，与他们接触和谈话，你首先要做的是就是给对方信任感，让对方安稳下来，使其愿意接受自己，对自己敞开心扉。否则，双方沟通会很困难。

5.十指交叉，眼睛平视对方

出现这种手势说明对方已经失去耐心，正在压抑内心的不满。此时，应该把话语权交给对方，或者停止交谈，以免引起对方的反感。

6.十指交叉，放在脸前

这是一个十分明显的敌对动作。当对方做这种动作的时候，就传达了"别说了，我不想听""我不相信你""我不认为这个可行""我想结束谈话"等消极情绪，此时也应该结束谈话。

7.十指交叉，放在胸腹之间

说明此人已经在心里拒绝了你。此时，即使你再强调自己的观点，那么，对方也不可能再接受你，此时，你可以采取另外的一些较为轻松的交流方式，比如先为对方送上一杯饮料。总之，要想办法让对方解除十指交叉的姿势。否则，他会拒绝你所有的想法和观点。

8.十指交叉，双手拇指向上伸

说明此人此时对交谈的内容很感兴趣，并且对自己说的话十分有信心。

总的来说，十指交叉手势，手位置的高低与消极情绪的强弱有关，较高位置的十指交叉比较低位置的十指交叉更消极、更抵触。所以，当对方做出十指交叉手势时，不要再认为这是一个不经意的动作了。

紧握的双拳想要宣泄什么

夏小生是一名警察，他最近遇到了一个棘手的案件：一名女子在自己的家中被谋杀，根据罪犯的犯罪动机，夏小生把女死者生前可能有过节和相关联的人都请到了警察局，其中有女死者的前男友、现任丈夫、债主、公司有过节的上司，但根据这些人的口供，夏小生发现，他们都有不在场的证据。这让这位著名的警官很头疼，"到底谁是杀人凶手呢？到底有什么破绽我没找到呢？"夏小生这样想。

"其实，问题一点也不难，他们不是什么间谍，也不是联邦调查局的人，肯定会露出马脚的。"夏小生的上司突然站在他身后，说了这一番话。

"那么，您觉得谁是凶手？"夏小生问。

"她丈夫。"上司很干脆地说。

"能告诉我您判断的理由吗？"

"我不知道你注意没，这个人真的很奇怪，根据他描述的，他应该很爱自己的妻子，那么，在妻子去世时应该很悲痛，但事实上，他并没有这样的情绪，相反，他紧握双拳，脸部肌肉紧绷，很明显，这是一种愤怒的情绪，当然，他也有可能是恨凶手，但我想，面对一个没有找出来的人，他不会有如此明显的情绪……一个男人恨自己死去的妻子到这种地步，想必应该是情感问题，你去查查女死者生前都和什么人接触过，也许会有新发现。"

夏小生当然听懂了上司的意思，于是，他展开了新的调查，果然，他发现，女死者一个多月前就已经出轨，通过搜查，警察还在死者的地下室找到一把凶器，上面的指纹经过证实也是死者丈夫的，终于真相大白了。

"是的，她是我杀的，我那么爱她，她要什么，我买什么，每天一下班我就回家带孩子做饭，这个贱女人，居然还不知足，出去找男人，那天半夜，我衣衫不整地回来，回来后她还和那个男人通暧昧电话，我实在受不了了，就拿起厨房的水果刀捅在她的肚子上……"

这则案例中，我们不得不佩服夏小生上司的观察能力，在几个同样有嫌疑的人中，他很快发现了女死者丈夫的一个异常小动作——紧握双拳，通常来说，这是一种愤怒的表现，并且，对方紧绷的脸部神经也证实了他的判断。在排除其他可能存在的情况下，他得出结论：此人大概就是杀人凶手。

的确，人的情绪有很多种，很多可以隐藏，但愤怒、憎恶却是不易被隐藏的，因此，如果一个人对你可以掩饰自己的愤怒情绪，那么，他势必会减少与你目光直接接触的机会。潜意识中，他担心你一旦直视他的眼睛，内心的焦躁不安会被你看穿。不自觉地握紧双拳也是即将发怒的象征。最后，你再看看他的下颚和脸颊骨是否紧紧地绷在一起。假使他抿住双唇，脸颊两侧近下颚的肌肉不停地抽动收缩，那说明他内心深处真的是怒火熊熊了。

相对而言，在愤怒时，男性更倾向于这一动作，比如，在与妻子吵架过程中，大多数男性宁可保持缄默，也不愿意与女人发生正面冲突。如果你是这位妻子，那么，想知道他为何发怒，不妨直视他的双眼。倘若你与他的目光相遇之后，他只瞪了你一眼便立即转移视线，那你八成就是惹他发火的导火索。这时，你最好直接跟他讲："看得出来你很不高兴，出问题了吗？"这表示你愿意与他一起解决麻烦。如果他是因别的事而生气，不妨让他明白，你可以充当他倾诉的对象，再慢慢安抚他。而对于那些经常紧握双拳的人，他们多半是是懊恼和悔恨的人，容易紧张，多半的时候人际关系上欠缺自信，经常需要修整自己才能够和别人有一个良好的关系，内心有很多怨恨，没办法解决，对于经常有这种情绪的人，需要咨询专业心理人士获得帮助。

与人说话的过程中，如果对方有这样的肢体动作特写：他紧握双拳，目光游移不定，下颚紧绷。那么，我们大致可以判断出一点：你的话或行为可能惹怒了他。

交谈时用手指抚摸颈部表明是在撒谎

我们都知道，相对来说，人的手部产生的动作比身体其他部位要多得多，很多时候，即使我们没什么事情要做,手也会不自觉地动起来,其实，正是这些不经意的小动作,暴露了人们内心的想法。可能你也曾发现，你在与某个人交谈的时候，他的手指会不断地抚摸脖子，这个动作在告诉我们怎样的信息呢？我们不妨先来看下面一个故事：

小张是一名机械设备推销员，最近，她与一位要批量购买产品的客户已经进行过多次洽谈，对方也派技术人员来验过货，可就是迟迟不愿成交，张小姐心想：如果再不主动出击，时间消耗的越久，客户购买的可能性越小。于是，张小姐决定主动打消客户的顾虑，这天，张小姐来到客户的公司。

见到对方负责人郑经理以后，她立即热情地说："郑经理，您知道的，对于这一型号的设备，我们公司的产品是最一流的，您现在考虑得怎么样了？"

"嗯，是吧……"对方冷冷地说道。张小姐注意到，对方在说这句话的时候，做了一个下意识的工作，用手指轻轻地抚摸了几次颈部，张小姐明白，郑经理虽然嘴上认可自己的话，但内心肯定对这一点还是很有顾虑的，于是，就产品性能问题，张小姐继续说："我能理解您的想法，虽然我向您保证我们公司的产品性能属于业界一流，估计您也向同行打听过，不过在您没有亲眼见到你们公司的规模和生产状况前，存在这种担心和顾虑是人之常情，为公司采购需要认真、负责，不能出半点纰漏。不然会影响到公司的运营等。"张小姐语重心长地说。

　　"是啊，真难得你能理解我的想法……"

　　"对于我们公司的设备，您大可以放心。您也派技术人员来试用过，我想知道您还担心哪些方面的问题呢？"

　　客户说道："其实我们急需一批这样的产品，对于你们公司本身的生产能力及产品质量我已经没有什么可顾虑的了，不过我担心的是你们能否在合同签订的15天之内就将产品全部发到指定地点。"

　　听到客户这样说，张小姐马上说："原来您担心的是这个啊，您稍等，我马上打电话让秘书为您传真一份资料。"

　　一分钟后，张小姐对客户说："我给你传真的是我们公司专门针对紧急要货的客户制定的'快速订货通道'，通过'快速订货通道'，我们公司可以按照您的要求送货到指定地点，只要您能按照要求及时支付货款，到时候就可以凭单取货了……"

　　听到张小姐这样说，客户松了一口气，认真思考了一会儿之后，他对张小姐说："那一会儿我们就把合同签了吧。"

　　这里，我们发现，张小姐在和客户沟通时之所以能成功打消客户的异议，就是因为她懂得从客户的小动作探查客户的内心活动——表面上看，客户认同张小姐说的"这一型号的设备，我们公司的产品是最一流的"这句话，但实际上，他用手指抚摸颈部的动作已经出卖了他的真心，事实上，他对张小姐的话还是很怀疑的。于是，在接下来的沟通中，张小姐便围绕这一问题进行阐述，站在客户的角度，以几句真诚的话表达了对客户心情的理解，迅速拉近了与客户的心理距离，得到客户的信任之后，她再询问客户顾虑的原因就容易得多。

的确，人际交往中，人们对于他人尤其是存在利益关系或陌生人的人都是有一定的自我保护和防卫心理的，当我们提出某一观点和见解后，他们可能会表示认同，但实际上这与他们的内心并不一定相符，要看他们是否还心存戒心，我们大可不必直接问询，可以从他们手部的动作入手，正如故事中的客户一样，如果对方用手指抚摸颈部，那么，他很可能并不相信你的话，那么，此时，你应该做的是用真诚和事实打动对方，消除对方的顾虑，进而达到沟通目的。

总之，当人们用食指（通常是用来写字的那只手的食指）抓挠脖子侧面位于耳垂下方的那块区域，我们根据观察得出的结论是，人们每回做这个手势，食指通常会抓挠5次。如果食指运动的次数非常少会少于5次或者多于5次，这个手势是疑惑和不确定的表现，等同于当事人在说，"我不太确定是否认同你的意见。"

第 6 章

腿脚秘密：腿脚微动作心理分析

　　犯罪心理学认为，人们在对他人做心理分析时，已经习惯了从人的上半身着手，比如，人的头部、面部、手等，而对于那些人们视线之外的部位，比如腿和脚，人们很容易忽略，尽管一个人似乎在认真倾听对方的谈话，但他的脚尖方向、腿部动作等透露的信息却准确无误，其实腿部和双脚是丰富的信息源，能够泄露人们内心的秘密！

脚部动作比其他肢体语言更真实

正如人体的其他部位有表情达意的功能一样，犯罪心理学家认为，脚也有属于自己的语言，即"脚语"。所谓脚语，指的是在人坐立行走的过程中脚发出的声音、做出的动作、指向的方向等。人的性格不同，走路的风采各异；人的心情不同，走路的姿势也不同。脚语是一种情绪的节奏，能够反映出一个人的脾气秉性、心理状态、情绪等。

经过长期研究，英国心理学家莫里斯得出了一个非常有趣的结论——"人体中，远离大脑的部位最可信"。顾名思义，脚是人体中距离大脑最远的部位，因此，脚是最诚实的部位。虽然人的脚步经常因时因地而异，但是，每个人仍然有固定的脚语。因此，你即使不用眼睛看，而只听那或轻或重或急或稳的脚步声，就能判断出是否是自己熟悉的人。

除了脚步声之外，脚部还有很多动作，有时，如果你看不透一个人的内心，不妨观察一下他在不经意间所做出的脚部动作，这样一来，往往能够洞察他的真实的内心世界。

小陆在大学时谈了一个男朋友，两人感情很好，毕业后，小陆便和父母提及了男朋友的情况，父母觉得不太满意，因此以年龄尚小为理由，让小陆与男朋友分手。周末的时候，父母让小陆别出去了，说在家包饺子吃。其实，父母是想阻止她出去约会。在父母的软硬兼施之下，小陆不得不待在家里。上午十点，与男友之前约定的见面时间到了，小陆一边帮妈妈包饺子，一边抬头看钟表，急得就像热锅上的蚂蚁。半小时过去了，她家的楼道里响起了脚步声，小陆听了之后，脸涨得通红，她听出来了，那是男朋友没见到她急得跑到家里来找了，但是又不敢敲门进来，所以只好在楼道里徘徊。又坚持了十分钟，小陆实在忍不住了，哀求妈妈说："妈妈，让我出去一会儿吧，就一会儿。"妈妈看着女儿急得那样，非常心疼，但还是语重心长地说："小陆啊，妈妈不是不让你谈恋爱，但是你刚刚大学毕业，没有任何社会阅历，妈妈是怕你一时脑热，误了终生幸福啊！"见妈妈这么说，小陆不得不低下头开始包饺子。但是，过了一会儿，爸爸发现，原本背对户门坐着的小陆，现在却像拧麻花一样，上身仍然背对门，但是下身却冲着门那边转了四十五度角，尤其是脚，恨不得一下子迈出门去才好呢。而且，小陆的脚尖不时地在地上踮着，似乎内急了似的。看到女儿这样，爸爸不忍心了，找了个借口说："闺女啊，咱家没醋了，这没醋吃饺子可不香，马上就要包完了，你赶紧以最快的速度去给爸爸买瓶醋回来吧！"听到这里，小陆极力掩饰自己的兴奋之情，马上拿着钱包去买醋了。

　　事后，小陆跟爸爸的感情变得特别深，觉得爸爸比妈妈理解自己，不管有什么心里话都和爸爸说。在爸爸的引导下，她和男朋友互相鼓励，最终于工作一年后双双考上了研究生，之后又一起出国深造了。

　　看到这里，我们不禁纳闷，爸爸是怎么知道小陆的男朋友在门外的呢？又是怎么知道小陆在被妈妈拒绝之后并没有死心，仍然急不可耐地想出去和男朋友见一面的呢？其实，小陆的确听出了男朋友固有的脚步声，但是，小陆爸爸根本听不出来小陆男朋友的脚步声，他是通过观察小陆的脚部动作知道的。小陆上身背对着门，下身却朝着门扭成了四十五度角，而且，她的脚尖恨不得一步迈出门去。由此，爸爸知道小陆并没有推掉约会，而且约会的对象很有可能就在门外等着呢！从而把握住了女儿的心思，小陆爸爸恰到好处地让女儿出去买东西，这样一来，不仅避免了妈妈的反对，还使女儿有机会出去和男朋友匆忙一见！如此善解人意的爸爸，女儿怎么会不喜欢呢！

很多时候，脚部动作往往被人们所忽略，擅长于洞察罪犯心理的侧写师就认为，脚部动作比其他肢体语言更真实、更准确。为了方便大家更好地了解脚部动作的含义，我们特意进行了归纳总结，这样一来，大家不管是在工作中还是在生活中，都可以通过观察别人的脚步动作来了解别人的内心世界，进而更好地与人相处。

从脚部动作把握一个人的心理变化

前面，我们已经了解，对于一个人来说，他都是有"脚语"的，而且，比其他肢体语言更真实，我们可以通过把握一个人的腿脚动作来观察他的性格特点和内心变化。为此，犯罪侧写师们在长期的侧写工作中为我们总结出：

1.不同性格的人，脚步不同

通常情况下，性格开朗的人，走起路来大步流星，脚步声比较重；相反，性格内向的人，走路缓慢而踏实。成熟老练的人，走路很稳，步伐很有节奏；而毛头小伙子走起路来则匆匆忙忙，充满活力，当然，也就显得不够踏实。例如，如果一个人看上去非常强壮，但是走路却小心翼翼，那么，他多半是以个外粗内细的精明人，做起事情来喜欢以粗犷的外表来掩盖严密的章法；如果一个端庄秀美的女子走起路来却急急忙忙，脚步不仅沉重而且凌乱，那么，她可能是个性格开朗、心直口快的痛快人。

2. 不同的脚部动作，泄露人的内心

（1）脚踝相扣，或者脚踝钩住板凳腿。从某种意义上来说，这个动作和紧咬双唇所表达的意思差不多，即都说明做出此动作者正在努力抑制某种消极的情绪，内心焦虑不安，而且保持着警惕。例如，大多数病人在进行手术之前都十分恐惧，因而经常做出脚踝相扣的动作；当犯了错误的学生坐在老师的对面时，也会因为紧张而脚踝相扣。

张伟在一家民营企业工作，不仅学历高、工作经验丰富，而且对于人的心理颇有研究，为此，公司让他全权负责对外谈判业务。最近，公司准备接手一家外企的大订单，成功与否将关系到公司全年的经济效益，因此，老板非常重视，再三叮嘱张伟一定要全力拿下该订单。

经过一系列的准备后，张伟带着项目书亲自到外企拜访，进行深入沟通，以使项目设计更加完美。在交谈的过程中，张伟看到对方负责人拿出了一张A4纸，上面密密麻麻地写满了对项目的意见、建议以及不满意的地方。不知不觉之间，对方负责人还把脚踝勾在了椅子腿上，脸上写满了质疑。见此情景，虽然对方负责人并没有明确说什么，但是张伟马上拿出了十二分的精神，停止了解释，而是一项一项地开始按照客户的意见完善方案，即使觉得客户的方案不好，他也没有反驳，而是有理有据地把自己的设计方案为客户演示了一遍。在张伟专业、敬业、耐心、真诚的演示下，客户的双脚渐渐地放了下来，投入了与张伟的讨论之中。至此，张伟才松了一口气。最终，他顺利地为公司签下了这个大订单。

以上事例中的张伟，在客户把双脚勾在椅子腿上表示质疑的时候，及时调整策略，成功地打开了客户的心扉，最终才能顺利签约。试问，如果张伟看不懂客户的脚部语言，而是选择一味地解释，那么，客户肯定会认为他是在强词夺理，从而更加反感他。由此可见，熟知脚部动作的背后含义能使我们与别人的交流更加顺畅。

（2）脚尖指向。在所有的脚部动作中，脚尖指向是最容易被人忽视的细节。虽然脚尖指向会告诉我们很多的信息，但是却很少有人观察别人的脚尖指向。一般情况下，人们会无意识地将身体转向自己喜欢的人或事，所以，只要观察脚尖指向，就可以判断对方是否愿意见到我们。例如，在谈话时，假如对方将原本冲着你的脚尖移开，就说明他想尽快结束谈话离开。

（3）蓄势待发。在脚尖指向中，有一种比较特殊的脚部动作，类似于起跑，即身体稍稍前倾，一只脚在前，一只脚在后，双手分别放在两个膝盖上。通常，这种姿势意味着当事人对某件事情很感兴趣，已经做好了洗耳恭听的准备。此外，这个动作还可以代表完全相反的意思，即随时准备撤离。例如，大学生上完一节持续两个小时的大课之后，都会做出这种动作。

其实，脚部的动作还有很多，需要我们在现实生活中认真观察，这样才能更好地了解别人的心意，与别人更好地相处。

可见，一般来说，人与人不同，人与人脚部的动作也会不尽相同。在人际交往中，不同性格和心理状态的人们有不同的"脚语"。从某种意义上讲，这是性格和心理的一面镜子，会泄露人们内心的秘密。在人际交往的过程中，假如你能够在说话之前先细致入微地观察一个人的"脚语"，就能够很轻松地了解他的性格特征和心理状态。

一个人的站姿所暗含的心理信息

日常生活中，我们常听长辈们说，站有站相，坐有坐相，这是要告诫我们要行为端庄、知晓礼仪，事实上，从这些简单的动作中我们也能察看出一个人的心理活动。犯罪心理学家们经过研究后提出：不同的站姿往往反映出一个人的性格特点。不同的生活习惯、起居饮食、言谈举止、厌恶爱好以及意识倾向会决定一个人的站立姿势，也就是说，我们可以通过一个人的站姿看出一个人的性格特征和内心真实情感。会发现站立这种简单的动作也是百人百样。你只要细心观察你周围的人，就可以从他们站立的姿势中探知其心理活动。我们先来看下面一个故事：

老刘现在已经四十岁了，他是个典型的无所谓先生，从年轻时候开始，他就变得好像什么都无所谓的样子。

通常，在公共场合，人们看到的他都是这样一个姿势：两脚并拢或自然站立，双手交叉背在身后。

他和朋友出去吃饭，朋友问他要吃什么，他说："随便啦，怎么样都行。"

后来，到了结婚的年纪，家里父母开始着急了，问他的个人问题，他的回答是："随缘吧。"再后来，经过亲戚介绍，他认识了现在的妻子，家人问他对女孩子的印象，他回答："你说呢？"看样子，从他嘴里，永远问不到一个明确的答案。

儿子开始上小学后，变得调皮、不爱学习，妻子为教育孩子的事头疼得不得了，他倒安慰妻子："让他去吧，儿孙自有儿孙福。"妻子气不打一处来，他一笑了之。

单位新来的小伙子在工作上很认真，经常大家下班后他还在工作，老刘看到后，对他说："年轻人，没必要那么认真吧。"一句话让小伙子丈二和尚摸不着头脑。

……

可以说，故事中的老刘的就是个典型的"无所谓"先生，这一点，从他的日常生活中的站姿已经看出来了。这里，我们可以说，经常有这样站姿的人一般都可以与人相处得比较融洽，很大的原因可能是他们很少对别人说"不"。他们的快乐来源于他们对生活的满足，而同时，不愿与人争斗的个性既带给他们美好的心情，也带给他们愤怒，因为生活并不总是遂人愿，一味地逃避争斗有时候只会使事情更糟糕。

那么，具体来说，我们该如何从一个人的站姿中探测其内心秘密呢？为此，侧写师们总结出：

1. 含胸、背部微驼

很多女孩子在青春期发育时对身体的变化没有树立健康积极的认识，容易表现出这种站相。这样的人往往缺乏自信，如若是女孩子，则是很单纯的类型，需要加强保护或积极引导。

2. 挺胸收腹、双目平视

这种人往往有充分的自信，要不就是十分注意个人形象，要不就是此时心情十分乐观愉快。

3. 两手叉腰而立：

这是具有自信心和心理上优势的表示。如果加上双脚分开比肩宽，整个躯体显得膨胀，往往存在着潜在的进攻性。若再加上脚尖拍打地面的动作，则暗示着领导力和权威。

4. 单腿直立，另一腿或弯曲或交叉或斜置于一侧

表达一种保留态度或轻微拒绝的意思，也可能是感到拘束和缺乏信心的表示。

5.将双手插入口袋

不表露心思、暗中策划的表现；若同时弯腰弓背，可能说明事业或生活中出现了不顺心的事。

6.喜欢倚靠站立，不是靠墙，就是靠着人

这类人好的方面是比较坦白，容易接纳别人。不好的方面就是缺乏独立性，总喜欢走捷径。

7.遮羞式站立

手有意无意遮住裆部，一般是男性采取的动作。遮住要害部位，是一个防御性动作，说明心里忐忑不安，准备遭受批评和不赞同。

8.双脚成内八字状

多为女性的站姿，有软化态度的意味。许多女性在担心自己显得支配欲和好胜心太强时，往往采取这种站姿。

9.双脚并拢，双手交叉站立

并拢的双脚表示谨小慎微、追求完美。这种人看起来缺乏进取心，但往往韧性很强，是属于平静而顽强的人。

10.背手站立

背手暗含有"不想把手弄脏，所以把它搁置一边"的意思，这类人通常是自信心很强的人，喜欢控制和把握局势，或自恃是居高临下的强者。但是，如果一只手从后面抓住另一只手的手臂，则可能是在压抑自己的愤怒或其他负面情绪。但是，在服务行业中，这种站姿又可能想表明"我没有行动，没有威胁"的意思。

当然，这只是一些简单的介绍，只供参考，其实，如果自己观察一下的话，是可以从一些蛛丝马迹中发现一个规律的。

总之，不安分的腿脚是一个人的身体中最真实的部位，而站姿是性格和心理活动的一面镜子，从站立的姿势，可以探知一个人的内心活动。

为什么有些人会不自觉地抖腿

生活中，可能一些人会有抖腿的坏毛病，无时无刻都会不自觉地抖起腿来，这是为什么呢？其实，从心理学的角度看，这是紧张的表现。民间有个说法是"男抖穷，女抖贱"，虽然专家表示这是无稽之谈，但也从侧面反映出抖腿在每个人身上是一个再正常不过的事情。的确，正常人抖腿没有任何临床意义，是一种自我放松，毫无意识的。

曾有心理学专家称，在人际交往中，真实信息的反应往往是通过非语言传递的，而肢体动作就是其中的一部分。通常来说，与他人互动可以有三种表现状态，即融洽、对立和回避。抖腿则可以简单归类到回避反应中。回避状态多源于内心焦虑、没有安全感，非生理疾病性质的抖腿也是如此。比如，一个人在向许多人汇报工作时，常会不自觉地腿发抖，这多半就是心里没底，紧张、焦虑所致。从这个角度说，抖腿有时候还表明了一个人的不自信。

我们先来看下面一个故事：

对于所有情侣来说，恋爱谈到一定阶段就要谈婚论嫁，就免不了要见家长，小杨与小米恋爱半年多了，小杨决定正式见见小米父母。于是，为了体现自己的诚意，小杨去酒店订了一桌酒席。

这天，小杨很快到了酒店，他紧张不安地等待着小米父母的到来。终于，这一家人姗姗而来了。

一番介绍后，小杨便对小米父母说："叔叔阿姨，我听小米说你们有一些忌口，就点了一些你们爱吃的菜，希望你们别嫌弃。"小杨很紧张地说完了这句话。他留意了一下小米母亲的表情，虽然对他笑了笑，但很明显，好像并不满意。

接下来的一顿饭，虽然小米尽力从中斡旋，但小米母亲似乎都不大高兴，她和小杨都觉得莫名其妙。

饭后，小杨给已经和父母一起离开的小米发了条短信："你帮我问问，我哪里做的不好？"

"放心，收到，包在我身上。"

回到家后，小米母亲把包重重地摔在沙发上，不高兴地说："还说什么研究生毕业，这么没教养？"

"老伴，咋了，刚才吃饭的时候我就看到你脸色不对了，那孩子挺好的啊，怎么就没教养了？"

"你老花眼了吧，他一直在那儿抖腿你没看见？我看，他要是动作再大点，整个桌子就要给他掀了。"

"唉！我看你是误会了，这是紧张焦虑引起的表现，你以为他不想给我们一个好印象，但越是想表现自己，越是紧张。"

这时候，小米也解释道："是啊，他平时没有抖腿的习惯的，即便和那些大客户交谈，他也能镇定自若，看来，您真是冤枉他了。"

……

恐怕，生活中，我们也遇到过这样的情况，他人与我们交谈时会不自觉地抖腿，我们可能也会指责对方不尊重人，对于这样的情况，长辈们可能还会说"什么臭毛病！"然而，这样的指责，有时候还真受得有点冤。就如同故事中的小杨一样，他就是因为不自觉地抖腿被小米母亲认为是没有教养的表现，不过庆幸的是，最后，小米的父亲为他进行了一番解释。

因此，我们可以说，抖腿是正常现象，不过观察发现，人在全神贯注做事情的时候，一般不会抖腿，通常都是比较无聊的时候会发生，这是一种不自觉的现象。有些人平时抖习惯了，不抖还难受。

此外，也有专家从生理学角度，对抖腿动作进行了类比分析。从生理学上讲，久坐或久站不动，都会让腿感到不舒服，血流不畅，所以在自觉不舒服的情况下，人就会在无意识中活动起来，以促进血液流通，缓解不适。而在心理方面也有类似的意思：当心理较长时间处于紧张、焦虑状态时，人就会不自觉地做出缓解反应。

当然，抖腿也与个人习惯有关。一般最早时只是偶然反应，久而久之即形成自然反应，最后变成条件反射。因此，要想有所改变，除了自我调试焦虑心态外，还应有意识地进行强化改变，就像强迫自己改掉坏习惯一样。

总之，从心理上来讲，抖动单腿或双腿是一种放松的表现，是自己下意识的放松。当然人在轻微紧张的时候也有可能会抖腿。如果是不能控制的抖腿那就要去看看神经科医生了。

站立时用脚尖拍打地面是完美主义者的表现

前面，我们提到过，犯罪侧写师们能根据罪犯留下的一些细节推断出其性格、心态等，同样，任何一个交际高手也都有一项本领——察言观色，他们不仅能看出与之交往的人的性格，还能看穿对方的性格、情绪，从而做到有的放矢与之交谈。

中国人常说："站如松"，这是提醒我们在站立时候要做到：嘴微闭，两眼平视前方；收腰挺胸，脚挺直，两臂自然下垂；两膝相并，脚跟靠拢，脚尖张开约60°，从整体上产生一种精神饱满的感觉，切忌头下垂或上仰，弓背弯腰。

然而，我们不难发现，现实生活中的人们在站立时似乎都有这样那样的小动作，其中就包括不断拍打地面，这是习惯使然吗？对此，我们不妨先来看下面的故事：

王晓是学市场营销的，毕业之后，他在一家化妆品卖场担任男士化妆品的推销员。他很会察言观色，因此推销的业绩非常的好。

这个周末，卖场来了很多消费者，当然，也不乏男士。尽管人很多，但忙碌的王晓还是在人群中发现了一个特殊的男客户：他大概三十多岁，一身简单又名贵的穿着。来到卖场，他一句话不说，只是不停地看化妆品。

面对这样的客户，几个推销员在得到"爱搭不理"的回应后，就不再招呼他了。而王晓则发现这个客户有个特殊的动作——他突然站在某化妆品前，总是一边看，一边不停地用脚尖拍打着地面。而且在那里占了好长时间了。

王晓知道这种人是典型的完美主义者，非常自恋。所以也不大会处理人际关系，于是他站在不远处，等这个男人抬头寻求帮助的时候，他才过去帮忙介绍产品的功能和价格。很快，这位客户购买了商品匆匆离开了。

这则销售案例中，在其他推销员无计可施的情况下，推销员王晓并没有贸然推销，而是先观察客户，从客户的肢体语言——用脚尖拍打地面判断客户是个完美主义者并自恋，从而在客户需要帮助的时候才过去帮忙介绍产品的功能和价格，从而顺利把产品推销出去。

这个故事中，我们可以得出的结论是，一个人在站立时如果有拍打地面的习惯，那么，他可能是个自我意识较强的完美主义者，他们相信自己的选择和判断，很难听进去别人的意见。

比如，工作中，如果上司告诉他，你做错了。他是不会接受的，接下来，他会说，老板，这件事情应该是这样的。于是，老板再次证明他是错的。过了10分钟，他又来找老板了。老板再一次证明是他不对。下班后他又打电话追来了：今天在单位做的事情是这样的。老板第三次证明他是错的。第二天一早，他又来找老板了：昨天的那件事是这样的。

这类人，对自己有着高标准的要求，他们一旦决定了某个正确的目标，或者他们感受到来自领导的期望，他们就会忘我地工作来让对方满意，而不是和某些人一样只为了薪金或者权力工作。

在各行各业内，他们都是敬业的、精益求精的，也希望能够教导他人去追求最好。他们相信人们在获得正确的信息后，就会改变生活状态。

如果你不认同他，他内心就会有负罪感，认为是自己做的不好，也可能会批评你周围的人。

因此，与这样的人打交道，我们最好不要试图去改变他的想法，而应该让他们自己去做决定和判断。

比如，你和你的朋友一起购物，你看他焦虑不安的样子，想给他点意见，但是他却有用脚尖拍打地面的工作，那么，可能他想给自己一点时间来思考，此时，你可以做的就是安静地陪在他的身边、一言不发，当他找到答案以后，他会感激你的善解人意，也会把你当成最贴心的朋友。

的确，小小的一个脚部动作就彰显了一个人的性格、品质乃至流露的内心情绪，因此，善于察言观色是我们破解他人心理密码的关键所在。

我们可以总结出，站立时喜欢用脚尖拍打地面的人，是有自恋倾向的完美主义者，他们对自己和他人都有着较高的要求，希望获得他人的认同，但却听不进去意见，如果你的身边有这样的人，与之打交道，应让其自主抉择，不可干涉。

坐姿中的双腿交叉暗含了什么含义

犯罪心理学认为，人们已经习惯于从头部、脸部和手部等这些容易看得见的部位来判断交谈对方的心理活动，来察看对方对自己是赞同还是反对，相反，对于那些我们视线之外的部位，我们常常会忽视，比如，双腿和双脚。可能你也发现，与人面对面坐着交谈时，对方可能偶尔会摆出双腿交叉时的动作，这是习惯性坐姿还是产生了心理变化？

假如我们在一家餐厅看到这样一个场景：一对相亲的男女正在聊天，男士正在侃侃而谈，情绪热烈，女士也频频微笑点头，乍一看，你会以为这是一次成功的会面，他们也必定会有下文，但只要稍作留心，你会发现，女士的坐姿：她双腿交叉，身体略微稍后倾，而脚尖正指向最近的一个出口。由这个姿势我们就可以明白，女士对这场谈话没有兴趣，内心深处有逃跑的打算。

在与人面对面交谈时，如果你发现对方的双腿和双臂同时处于交叉状态，那么，你可以判断出的是，他的注意力已经不在你们的谈话上，甚至他的心思已经飞向远处，为了不让你感到尴尬，对于你说话的内容，他会给出敷衍式的回答，比如，"是"或者"不是"等词汇。这时要想让对方对你的观点表示真正认同是非常困难的。

再如，你出席一个晚宴时发现，在大厅的角落里，站着一个人，他双腿交叉，同时，还抱着双臂，这能告诉你的是，这个人思想非常保守，对人戒备心很强。这时，跟对方很顺利地展开话题是非常困难的，你必须从消除对方的戒备心开始入手，而且要做好打持久战的准备。

另外，相对于女性来说，男性更喜欢双腿交叉这个坐姿，甚至有一些男人，他们并非是一条腿轻松地搭在另一条腿上，他们更习惯将一只脚踝放在另一条腿的膝盖上，两条腿形成"4"字形状。这种坐姿代表了向对方争辩或者争取获胜的态度。

女士比男士更在意自己的形象，这样的坐姿并不雅，另外，跷二郎腿并不符合礼仪规范，所以做出这个姿势的大多是男士。男士在摆出这个姿势时，不仅能体现自己的自信和支配地位，同时也会显得放松和年轻。

但是要注意的是，在和长辈或者领导交谈时，我们千万不要摆出这种姿势，因为这会让领导感受到你对他的不敬。

如果一个人做出"4字腿"坐姿的同时，还用一只手抓住抬起的那条腿，那就表示这个人非常有主见，甚至可以说有主见得过了头，达到了固执的地步。对于这些人，不要轻易尝试去说服他们，你的努力往往是白费的。

当然，女士双腿交叉，除了心理活动外，还有可能是其他原因，比如，女士经常穿短裙。双腿交叉是她们下意识地保护自己的举动。女士的这种爱好是由于穿短裙养成的习惯，我们可以称其为"短裙综合征"。这样交叉双腿的动作让女士看起来比较拘谨，这或多或少会让交往对象觉得无所适从，因此，一定程度上我们认为，穿短裙让女人看起来更难以接近。对于女性来说，最有气质的姿势是将两条腿以随意的方式交叉，然后将两腿斜向一边，两腿保持平行，女士要想保持优雅的仪态，应当学会做这个姿势。

总之，我们可以总结出，双腿交叉跟双臂交叉一样，是表示排斥的意思。如果你的交谈对象的双臂和双腿同时处于交叉的姿势，他的排斥意思显然已经相当强烈了。

第 7 章

身随心动：肢体微动作心理分析

　　犯罪心理学研究发现，我们生活中的每个人都有自己独特的一些行为动作或生活习惯，它也能够反映一个人的内心世界和性格特点，同样，我们完全可以通过观察人的一些习惯性动作来读懂身边的人，比如，坐立行走姿态、睡觉的习惯、看电视的习惯、吃相醉态等。总而言之，一个人的肢体微动作都是他性格特征和真实情感的显现，我们可以从那些细枝末节来透析对方，判断对方，进而更好地读懂对方。

从一个人的坐姿看透人心

现实生活中，我们参与人际交往，很多时候都是面对面坐着交谈，坐这一看似静态的活动，其实也是我们察看他人心理活动的入口。我们先来看下面一个故事：

"我已经三十岁了，周围的姐妹已经纷纷结婚了，无奈，我不得不加入相亲的大潮中，我并不排斥这种结交异性的方式，也许真的能认识一个和自己很合适的人呢。在我相亲的经历中，有一个男士给我的印象很深刻，后来，我们成了很好的朋友。

那天，天下着雨，我比预约时间早到了二十分钟，于是，我就选了咖啡厅靠窗的位置坐了下来，我在想，既然都下雨了，那人应该不会来了吧。但事实上，他居然踩着点来了，并且，很有礼貌地跟我打了招呼。他给我的第一印象非常不错，这样一个彬彬有礼的男士相信谁也不会讨厌。但接下来，我从他的身体语言中发现，他和我是同一类人。

他虽然块头不小，但在介绍完自己后，就蜷缩在沙发里，把双手夹在大腿中间，并且，无论我们聊什么，他好像都不大愿意更换自己的坐姿，我想那对于他来说应该是最舒服的。因为很明显，他是个自卑的人，而我想找个自信，能替我拿主意的人。后面的谈话证实了我的想法，除了刚开始见面时，他冲我微笑了一下之外，后面，他就一直呆若木鸡。

为了使整个谈话的气氛不那么僵硬，我开始主动找话题，我发现，我们惊人的相似，我们都为自己瘦小的身材而感到自卑，都喜欢宅在家里，一到周末，宁愿自己在家做做点心、看看电视，也不愿意出去和朋友玩……

聊到最后，我们都发觉有点相见恨晚。

后来，我们再联系时，完全没有因为相亲失败而苦恼，相反，我们为交到一个好朋友而高兴。"

古人云，物以类聚，性格相似的人很容易成为朋友，很明显，故事中的女主人公和她的相亲对象的结交经历就证明了这一点。她很清楚自己需要什么样的伴侣，在通过观察相亲对象的肢体语言——蜷缩在沙发里、把双手夹在大腿中间判断出对方和自己性格类似，她发现彼此更适合做朋友。

心理学家们研究和分析认为，通过一个人的坐姿，也可以了解他的性格和心理，并给出以下总结：

经常正襟危坐、目不斜视者：是力求完美，办事周密而讲究实际的人。这种人只做那些有把握的事，从不冒险行事，但他们却往往缺乏创新与灵活性。

爱侧身坐在椅子上的人：他们心里感觉舒畅，觉得没有必要给他人留下什么好印象。他们往往是感情外露、不拘小节者。

把身体尽力蜷缩一起、双手夹在大腿中而坐的人：往往自卑感较重，谦逊而缺乏自信，大多属服从型性格。

敞开手脚而坐的人：可能具有主管一切的偏好，有指挥者的特质或支配性的性格，也可能是性格外向，不知天高地厚，不拘小节的人。女性若采用这种坐姿，还表明她们缺乏性的经验。

将一只脚别在另一条脚上而坐的人：一般是害羞、忸怩、胆怯和缺乏自信心的女性。

踝部交叉而坐的人：当男人显示这种姿态时，他们通常还将握起的双拳放在膝盖上，或用双手紧紧抓住椅子的扶手；而女性采用这种姿势时，通常在双脚相别的同时，双手会自然地放在膝盖上或将一只手压在另一只手上。大量研究表明，这是一种控制消极思维外流、控制感情、控制紧张情绪和恐惧心理、表示警惕或防范的人体姿势。

将椅子转过来、跨骑而坐的人：这是当人们面临语言威胁，对他人的讲话感到厌烦或想压下别人在谈话中的优势而作出的一种防护行为。有这种习惯的人，一般总想唯我独尊，称王称霸。

在他人面前猛然而坐的人：表面上是一种随随便便、不大礼貌、不拘小节的样子，其实说明此人隐藏着不安，或有心事不愿告人，因此不自觉地用这个动作来掩饰自己的抑制心理。

坐在椅子上摇摆或抖动腿部或用脚尖拍打地板的人：说明其内心焦燥、不安、不耐烦，或为了摆脱某种紧张感而为之。

和你坐在一起而有意识挪动身体的人：说明他在心理上想要与你保持一定距离。并排而坐的两个人要比对坐着的两个人，在心理上更有共同感。

喜欢对着坐比喜欢并排而坐的人:更希望自己能被对方所理解。

斜躺在椅子上的人比坐在他旁边的人：具有心理上的优越感，或者处于高于对方的地位。

直挺着腰而坐的人：可能是表示对对方的恭顺之意，也可能表示被对方的言谈激起浓厚的兴趣，或者是欲向对方表示心理上的优势。

总之，一个人的坐姿，可以反映一个人惯常的性格特征和此时此刻的心理，观察他人的坐姿，能帮助我们更清晰地掌握人心。

通过步态揣摩他人的内心变化

　　侧写师们告诉我们，人的性格、情绪、人品都溢于言表，一个人的内心世界也不可能没有外泄的部分，一个人在走路时表现出来的姿态就是很好的表露，只要我们善于发现，然后加以分析，即使"伪装"得再好的人，我们也能发现破绽。我们先来看下面的故事：

　　李晓有着周围人羡慕的职业——心理医生，但正是因为识人无数，让她左挑右选到了三十岁还没有恋爱对象。在朋友一次次的催促下，已经成为"剩女"的她也不得不加入相亲的队伍。

　　那天，在母亲和一群朋友的把关下，李晓决定在一家相当有品位的酒吧进行她人生的第一次相亲"活动"。李晓深知第一印象的重要性，于是，在一番精心打扮之后，她来到了酒吧。

　　当她在座位上等了一会儿后，就看到一个人从酒吧门口进来了，不过，她发现，此人是踩着小碎步走路的，走得很快，手臂姿势很呆板，很明显，深谙人的心理的李晓明白，这是一个很保守的人，果然，接下来的谈话证实了李晓的猜测。"你已经三十了？长那么漂亮为什么不结婚呢？……"一连串的问题向李晓扑来，她真后悔没在看见他的姿势之前离开酒吧。

　　这则故事中，李晓就是通过相亲对象走路时迈着小碎步判断出对方是个保守、谨慎的人。

　　不得不承认的是，良好的走路姿态体现了一个人的修养。良好的步态，应该是自如、矫健、敏捷的。由于男女性别、性格的差别，男性的步伐要注意阳刚美，一般以大步为佳，步子重一些，显得稳重、沉着。女性的步伐要注意阴柔美，一般以碎步为佳，步子轻一些,显得轻盈、柔和。但无论男女，行走时都要注意昂首、挺胸、收腹、眼平视、肩要正、身要直、双肩自然下垂，两臂前后摆动自如协调。

当然，步态除了能显示自己的教养与风度之外也能表露出一个人的心理活动。法国心理学家简·布鲁西博士发现，人的性格与行动有着很大的关系。从一个人走路的姿势就可以推断出其当时的心理状态。具体来说：

（1）昂首阔步者：这类人走路的时候，总是大步向前，给人一种心高气傲的感觉；的确，这类人很有自信，有力量，但他们致命的弱点就是缺乏耐力和毅力，经常信誓旦旦地要做一件事，但一旦遇到什么困难，就很容易退缩。

（2）走路八字者：双足向内或向外勾，形成八字状，走起来用力而急躁，但是上半身却不左右摇摆。这种人不喜欢交际，头脑聪明，做起事来总是不动声色。但有的有守旧和虚伪的倾向。

（3）走路蹦蹦跳跳者：大多心情溢于言表：这类人，他们总是有一颗童心，无论遇到什么事，都乐观向上；他们不会掩藏自己的情绪。一般来说，这类人较好相处。

（4）步伐急促型者：不论是否有急事，都步履匆匆。这类很明快而有效率，遇事不会推卸责任，精力充沛，喜爱面对各种挑战。

（5）上身微倾者：走路时上身向前微倾的人，个性平和内向，谦虚而含蓄，不会花言巧语；与人相处，表面上沉默冷漠，但却极重情义，一旦成为知交，至死不渝。

（6）走路斯斯文文者：双足平放，双手自然摆动，没有扭捏，走起来异常斯文。这种人多胆小、保守，缺乏远大理想，但遇事冷静沉着，不易发怒。

（7）走路不紧不慢、优哉游哉者，多无上进心：在这类人看来，任何事情都不能让我们加快步伐，他们总是不慌不忙的样子，对于现状也总是很满足。

（8）款款摇曳者：这类人多为女性，她们腰肢柔软，摇曳生姿，但是千万不要认为她们是放荡成性。因为她们中多数为人坦诚热情，心地善良，容易相处，在社交场合永远是中心人物，颇受欢迎。

（9）步履整齐双手规则摆动型：这类人似军人一般，意志力很强，具有高度组织力，但偏于武断独裁，对生命及信念固执专注，不易为人所动，而且不惜任何牺牲去达到自己目标与理想。

（10）步伐随便，没有什么固定的规律者：他们走路有时双手插进裤袋里，双肩紧缩，有时双手伸开，挺起胸膛。这种人达观、大方、不拘小节，慷慨有义气，有创立事业的雄心。但有时会夸大、争执、不肯让人。

我们每个人走路都会有自己的特点，这或许我们平常没有注意到，但这些特点确实存在。有人走路永远都是急匆匆的，而有人则永远都走不快，另外还有人走路是内八或者是外八。其实这些都是我们日常生活中的一些非常小的细节，但它里面却蕴含着奥妙，从某个方面讲，它可以看出一个人的性格。

从座位的挑选读出一个人内心的想法

生活中，我们会参加很多公共场合活动，这就涉及座位的选择，你更喜欢第一排、第二排还是其他位置？这一看似不经意的行为，其实都会将我们内心的想法暴露无遗。

意大利非语言交流学家马克·帕克利对人们在车厢中的行为做了多年研究，他认为，人们上了空的公交车后，一般都不会选定第一排座位——这排位子通常到了车厢快满时才有人坐，心理咨询师认为，这种选择是人类特有的安全感造成的。当你选了第一排座位时，坐在背后的人会让你感到一种潜在的威胁，因为你看不见他们在你背后做什么。其实，不仅是坐公交车，很多场合下，人们都不愿意选第一排的座位。

犯罪心理学家曾经就人的这一习惯讲过这样一个故事：

曾经有一名知名外企来到某大学进行校园招聘活动，当时，全校一共有八百多人参加了他们的宣讲会，但是需要在大会结束时留下1/3的学生准备下一轮选拔。外企如何快速发现人才？原来关键就在于看大家对于座位的选择。

首先，考官会看进场的状态，谁坐在前面先留下，最后三排没希望，不管他如何优秀坐角落两边的也不要。坐中间的要看听课状态，如果认真并且眼神有互动，积极回答问题也可以考虑，这样会留下1/3的同学。

这家知名外企的选拔人才的方式其实是有一定的心理原因的，因为人们在某些特定环境中挑选的位置或者对座位的特殊偏好就能够读出人们内心的想法。

其实，在社交场合某些环境下，我们也可以根据人们挑选座位的方式来了解他们的性格，具体来说：

1. 喜欢靠窗而坐的人平凡

床边位置明亮，且能看见窗外行人车辆以及发生的事，通常来说，个性平凡的人喜欢挑选这样的位置坐下，另外，这样能避开人多的洗手间附近，尽可能远离喧闹嘈杂的人群。

2. 喜欢挑选中央位置的人表现欲望强、以自我为中心

一般来说，这样的人不多见，他们有很强的表现欲。人际交往中，他们的话题总是离不开自己，很少关心他人，他们很爱面子，在某些场

合，他们会主动站出来埋单，在工作中，有领导气质。

当然，他们最大的缺点就是很少顾及他人感受。比如，如果在饭店吃饭，服务员因为不小心上错了菜，他必定会马上与服务员争执，甚至会说出难听的话来。总之，他们并不是那么容易沟通和相处。

3. 喜欢角落位置的人喜欢安定

尽可能地选择角落位置的人，也是因为坐在角落里能对店内全景一览无余，这样，他就能看清楚所有的人和事。

一般来说，这种人追求一种安定、稳妥的生活。由于他们习惯做一个旁观者，基本上缺乏决策的能力，以及作为一位领导者应有的积极态度。因此，与其要他做一位领导者，还不如请他当顾问来得更加适合。

4. 喜欢坐在入口处附近的人，属于个性急躁的类型

他们精力旺盛、对生活工作都很积极、乐观，总是乐于助人，喜欢走来走去，好像永远闲不下来。

5. 喜欢面向墙壁的人孤傲

偏好靠近墙壁附近的座位，而且喜欢面向着墙壁以背对着其他客人的人，显示出他们不想和其他人有任何瓜葛的心态。背对着其他客人显得孤傲，热衷埋头于自己的世界，无视外界的存在。

6. 喜欢背靠墙壁的人普通

同样选择靠近墙壁的座位，但喜欢背对墙壁、面对店内客人而坐的人，应该算是很普通的类型。人们会将背部贴着墙壁，是一种十分寻常的心理反应。因为背靠着墙壁，我们便不需要担心背后是否会有敌人偷袭，而又可以眼观六路、耳听八方，注意周围的动静。

对一般人来说，由于背部没有长眼睛，很难注意到有什么事情发生，因此，将背靠着墙壁，是一种能令人安心的本能反应。

当然，以上是针对单个人在某个场所时选择座位的情况分析，当众

人一起进入某个场所时，人们选择座位的方式应该另当别论。

进入场所后，环顾四周，然后对其他人说："坐那里吧！"这样的人很自信、很有气场，是会直接表达内心想法的人，但也可能因为独断而让他人生厌。

带领着大家就座，却发现位子已经被其他人占领，于是，不得不重新寻找，有这样习惯的人判断力欠佳，且会做出错误判断，经常会出现小失败，不过却反而凸显个人魅力，乐于配合他人，老实的性格受人欢迎。

总是跟在大家后面等待被人安排的人通常有依赖心理，他们自己不会主动去做一件事，只是配合其他人。

会立即问工作人员具体情况的人，他们虽然懂得变通，但他们会以现有结果为优先，而忽视其他一些更为重要的因素，比如，其他人的喜好与氛围等心理因素，也有不考虑别人意见与想法的一面。

生活中，我们经常会需要坐在咖啡馆、餐厅、会议室等这些地方，你喜欢坐在哪个位置呢?通过不同的位置，我们可以大致判断每个人的个性。

观察睡姿探究他人心理

生活中，我们每个人，在经历了一天的工作和生活后，都会感到疲劳，此时，睡眠就是最好的休息方法。有人说，每个人的一生都三分之一的时间都是在睡眠中度过的。的确，在卧室、在床上，是我们最放松的时刻。也就是说，观察一个人的睡觉习惯，也能看出他最真实的一面。我们先来看下面的故事：

一直以来，小彤都很喜欢心理学，即便她大学读的不是这专业，但毕业后的她依然经常会自学一些心理学知识，这不，最近，她报了一个心理学课程，在课上，老师告诉她，一个人的性格心理可以在睡觉这一最放松的状态下得知。

对此，这天下课回家后，小彤对爸妈说，希望他们能在自己睡着时给自己拍一段录影，这样就能看出自己的睡觉习惯，以便得知自己的性格、心理。

后来，小彤在看录影的时候，被自己的睡觉习惯吓了一跳——原来自己睡觉时很喜欢把脚放在床外面，根据老师教的心理学知识，这是工作、生活压力大的表现，是啊，工作这几年来，小彤一直在努力工作、不断地升职，不断地挑战自己，确实是累了，该好好休息了。

从小彤的经历中，我们可以看出，一个人的心理状态如何。我们可以从其睡觉习惯和姿势中看出来。

的确，每个人的睡觉习惯都不尽相同，有的人习惯躺着睡，有的人习惯蜷缩着睡，有的人喜欢依床沿而睡，我们可以依据不同的睡觉习惯，判断出对方隐藏在心里的想法。而对于自己而言，我们在很多时候并不知道自己在睡觉时有什么特别的习惯，那么不妨问一问身边亲近的人，然后根据实际的性格对比一下。下面我们就介绍几种常见的睡觉习惯，以便你可以通过睡觉习惯对别人有个大致的观察和了解。

1.有的人喜欢趴在床上睡觉

喜欢趴在床上睡觉的人是自信的，他们相信自己的学习能力和工作能力，这并不是自负，而是能认清自己的实力。另外，他们的适应能力很强，即便是在一个陌生人的环境中，他们也能比其他人更快适应。他们有着自己清晰的目标，不会被周围的人影响。另外，他们善于伪装自己的真实情感。

2. 有的人喜欢蜷缩着睡觉

喜欢蜷缩着睡觉的人通常缺少安全感，他们的性格比较懦弱，经不住打击。他们独立意识不足、逻辑思维差，经常需要他人的帮助，遇事不懂得按照先后顺序处理。到了陌生的环境中，他们会表现出怯弱的特点；他们责任心不足，在问题面前，他们常常会选择退缩。

3. 有的人喜欢睡在床边

有很多人喜欢睡在床边，这样的人也比较缺乏安全感，但他们比蜷缩着睡觉的人更理性，更能控制自己的情绪，他们的忍耐力较强，不会轻易表现出愤怒的情绪。

4. 有的人喜欢仰睡

喜欢仰着睡的人都性格开朗、活泼、大方，在生活中，他们待人亲切、热情、极富同情心，他们还很贴心，在人际交往中，他们能看出别人的需要；另外，在遇到事情时，他们敢于担当、不会逃避责任；他们处事成熟，懂得分清事情的轻重缓急，并且很有执行力。

因此，这样的人是很优秀的，他们身上有很多美好的品质，他们通常能把事情做得很到位，因此，他们常常能赢得周围人的敬重和信赖。

5. 有的人喜欢呈八字形睡觉

喜欢呈八字形睡觉的人通常是唯我主义者，他们希望周围的人都按照自己的意愿行事，他们很固执、强硬，不想听到反对的声音，但他们也有很多优点，比如他们不会轻易放弃自己的目标，有很强的工作能力，有掌控局面的气场等。

6. 有的人喜欢以戒备的姿势睡觉

这一类型的人通常具有较强的戒备心理，他们自主意识很强，性格固执，他们不会因为别人施予的压力去做事，不会听从他人的摆布，如果有人强行要求他们，他们就会采取一些必要的措施。

7.有的人喜欢以呆板的姿势睡觉

有的人喜欢以一种呆板的姿势睡觉，比如双手摆在两旁，两脚伸直着睡。这一类型的人生活节奏相当快，生活也很有规律性，也正是因为这一点，即使睡觉时他们的精神也得不到放松。另外，他们的生活是被模式化的，什么时间做什么事，什么时间睡觉都成了他必须完成的一道程序。

8.有的人喜欢抱着双臂睡觉

有的人喜欢在睡觉时环抱着双臂，甚至握着拳头，仿佛随时准备给人一击。这一类型的人如果是仰躺着或是侧着睡觉，拳头向外就是向他人示威。如果把拳头放在枕头或是身体下面，表示他正在控制这种消极情绪。

9.有的人睡觉时喜欢把脚放在外面

睡觉时喜欢把脚放在外面的人，他们是真正的压力一族，即使到了睡觉这一最放松的状体下，他们依然是累的，这类人通常工作比较繁忙，没有足够的时间休息，或者不会享受生活，不过，他们通常都是那些事业有成的人，因为他们精力总是那么充沛。

的确，观察和了解一个人的方法有很多，但如果找到一种最好的方法却并不多，睡觉习惯是其中的一种。一个人的睡觉习惯是怎么样的，是受到潜意识支配的，即便他并不是熟睡，其睡觉习惯都会显示出一个人在清醒时、表露在外和隐藏在内的某种思想感情。

酒后吐真言，通过"醉态"看他人真品性

中国人常说："无酒不成席"，中国的酒文化也博大精深，无论

是结交朋友还是做生意、宴请等，都离不开酒，现代社会，不仅男人喝酒，有些女人也喝酒，可以说，中国人的生活是离不开酒，其实，酒的作用并不仅仅在于结交友谊，更能帮助我们看出一个人的真品性，酒品如人品，一个人在醉酒的状态下呈现出什么样的姿态，是与其内心世界息息相关的。

现代社会，人们结交朋友。积攒人脉，多半都是有一定的目的的，其中也不乏对我们不利的目的。我们只有识别对方的目的，才不会在交际中被人利用，像小王一样，如果我们能采取投石问路的方法，用点小计谋，对方的意图就能一目了然。

因此，酒桌上，我们可以通过"醉态"来了解他的真本性，因为人们"毫无防备"的情况下往往会暴露本来面目。

1. 酒后话唠型

这种人，在日常生活中，多半因为性格内向、古板而在与人沟通中产生种种障碍，这一点，他们感到非常苦恼，因此，一旦喝醉后，他的胆量便大了，就会找人一诉衷肠，滔滔不绝地说话。

2. 呼呼大睡型

这种人多半是工作和生活中的"好好先生"，平时，他们对他人的要求来者不拒，因此，他们常常感到身心俱疲，一到酒桌上，他们便找到了发泄的方式——喝酒，而喝完酒的他，一旦醉倒，便呼呼大睡。

3. 无精打采型

这种人虽说酒后会变得毫无生机，但生活中，他们的性格却正好相反，他们充满力量、性格活泼。因此，你不要被这些酒后的表象所迷惑，他们实质上是比较积极的人。

4. 彬彬有礼型

一般来说，人们醉酒之后，都会一反常态，但这种人却是一个例外，这是因为他们思想方法上也未免含有某些僵化的教条，并已经根植于他们的血液里。所以，这种彬彬有礼的动作，对有这种酒后行为的人的本性莫过于是种极大的讽刺。或许这种人应学得灵活一些、开明一些、大方一些、坦诚一些。

5. 手舞足蹈型

这种人饮酒后似乎就如同一只被松绑的动物一样，会变得动作夸张，行如蟹状，拿着酒杯或酒瓶晃来晃去，一看就知道他"醉了"，其实他还"没醉"。这种人的反叛性很强，当然他对现实有太多的不满，而他往往又非常压抑自己。

6. 适可而止型

不论何时何地，不管与任何人一同饮酒，都能做到适可而止的人，作为工作上的伙伴绝对没错，他良好的天性就是能与共事的人密切合作。

7. 引吭高歌型

这种人很会享受自己的生活，喝酒就是喝酒，忙碌的工作后总会很好地轻松一下。这种人是一种值得信赖的人，特别是在工作上。

8. 热泪盈眶型

这种场面很让人感动，一边饮酒一边与你交谈，他的眼泪却不由自主地掉下来，"心软"的人霎时很可能不知如何是好。

俗话说："人心隔肚皮""防人之心不可无"，不是所有人都会把自己内心的想法公之于众，尤其是那些社交老手，更是隐匿得深藏不露。对此，我们不妨通过对方在无意识的状态——醉态来看其真品性，这是一种极其有效的识人心理策略。

观察他人"吃相"，了解其真性情

中国人常说："民以食为天"，我们生命中的不少时间都是在餐桌上度过的，吃饭也是人们轻松的时刻之一，因此，观察一个人的吃相，往往能了解他的真性情。我们先来看下面的故事：

"刚开始，我以为他是一名优秀的管理人员，但那天我在他办公桌上看见那盒吃了一半的便当和几包吃了一半的零食时，我立刻开始考虑适合这个岗位的其他人选了。"说这话的是某大型外企的人力资源部总监，她一向做事谨慎、公司的每个人的言行举止都逃不过她的法眼，最近，她就将一个刚刚在市场部干了一个星期的市场部主管"炒"出了公司。接下来说，她说："我的理由有两个：第一，我们是跨国公司，把食物放在办公桌上太影响公司的形象了；第二，一个爱在办公室吃零食的男人给我的印象是办事犹豫拖拉，立场不坚定，这样的人不适合在一个代表公司形象的部门工作。当然，如果这件事出现在产品设计部或是创意部，我会假装没看见，过后提醒一下就够了，但在市场部，这样的细节绝对不能原谅。"

可能你会说，这个总监也太不近人情了，但西方的许多心理分析家均认同了这个观点。他们认为：一个职员在"吃"上的行为举止，甚至他的口味爱好，都暗示着这个人的性格，以及对待工作的态度。不仅如此，在和心爱的他共进晚餐的时候，不妨偶尔扮演一下"福尔摩斯"，他在餐桌上的一言一行，都可能是你了解他的途径。

的确，人们在吃饭的时候，是千姿百态的，比如，有的人吃饭的时候，喜欢站着吃饭，走到饭桌面前就开始狼吞虎咽。这样的人通常性格比较倔强，脾气有些急躁，但他们是开朗、坦率的，在自己的需求得到满足的情况下，他们对待他人会非常慷慨；而还有一些人，他们看似很忙，我们总是能见到他们一边拿着汉堡和可乐，一边急匆匆地赶往和客户约会的地方，实际上，这样的人做事是缺乏计划性的，他们控制情绪的能力也很差，喜欢凭意气用事做事……

中国人常常说，坐要有坐相，而从个人进食方式观察，也可称为"吃相"。从这些小地方也可以观察出一些性格特征，不用进一步地去接触，就可以轻松地窥得此人的个性。

具体来说：

1. "狼吞虎咽"型

这类人在进食的时候，并不会过多地品尝食物，他们进食速度相当快，他们个性豪放，精力旺盛，办事果断，待人真诚，具有强烈的竞争心和进取精神。

2. "浅尝辄止"型

这类人做人做事的风格正和他们的胃和食量一样，做什么都不会潇潇洒洒，因为其不敢放开手去做，所以他们不适合创业，也不会在事业上有什么大的突破。

3. "细嚼慢咽"型

这类人会把进食当成一种享受，进食的时候速度缓慢，会细细咀嚼品尝。这类人办事态度周详、严谨，无把握的事绝不做，爱挑剔，对人有时过于冷酷。

4. "大胃"型

这类人食量大，进食时一旦找到爱吃的食物，不吃饱决不罢休。这类人性格直爽，喜怒溢于言表，从不掩饰自己的感情，且不善于仔细的思维。

5. "独自吃食"型

这类人爱单独进食，但与其进食习惯相反，他们虽然不愿与人分享，但极具责任心，言行一致，信守诺言，工作令人满意，性格冷僻。

6. "不偏食、不挑食"型

这类人不偏食，对人际交往的对象也不挑剔，他们性格随和，生命力旺盛，多才多艺，可以同时应付多种工作。

7. 好"切割食物"型

这类人在进食的时候，会把一份食物分成很多份。他们一般为人处世小心而谨慎，做任何事都很细致；但有时难免流于保守和顽固，善于守势，不习惯采取攻势。

"民以食为天"，我们每个人也许都会有着从小养成的爱好和习惯，从心理学的角度来看，吃东西的习惯也能反映性格特点。当你吃饭的时候，你对食物的挑剔，或浅尝辄止，或独食独享，或风卷残云，或将食物分割成若干小块逐一食用者，都没关系，只是，这已经暴露了你的性格秘密！

看电视时的习惯和特点彰显个人性格特征

生活中的每一个人，他们在看电视时所表现出来的习惯也不同。有的人一看电视，就精神百倍、聚精会神；有的人却一边做家务，一边看电视，只是偶尔偷瞄一下电视；也有一些人一坐在电视机前就犯困，电视里的声音似乎就是催眠曲；还有一些人，他们看电视喜欢走马观花，他们似乎什么都懂，不停地换台。其实，这些常见的看电视的习惯都有可能发生在你我的身上，透过这些习惯可以看出一些我们的性格特点。我们先来看下面的故事：

　　金先生和金太太已经结婚三十年了。可以说，三十年来，金先生都是在金太太的唠叨中度过的，然而，金先生反而觉得这是一种幸福，他认为，夫妻之间，拌拌嘴才是过日子。

　　这天，金太太照例和自己的几个女友约好出来逛街，几个女人聚到一起，难免要谈到自己的丈夫。一提到这点，金太太又开始唠叨起来了："我们家老金，我真是不知道说什么好，你看，结婚这么多年，他好像把我当空气，周末，想让他陪我逛逛街，他从来都是摇头谢绝，即使我生气，他也不愿意，好吧，我不勉强他，但晚上，我让他陪我看看电视，他居然一窝在沙发上就睡着了，没办法，我又不能让他感冒了，就让他去床上睡觉。你们说，这样的老公要来干什么？一点意思都没有。"

　　"你就知足吧，其实，你自己都没意识到，你家老公的性格很好，我家老公还经常跟我抢遥控器，一个劲儿地换台，很受不了，你自己想想，谁更好点？"一个姐妹对金太太说。

　　"是啊，其实，就一件简单的看电视的习惯，我们都能看出来各自老公的性格，金先生这样的人就属于随遇而安的，你结婚三十年，一直感情不错，其实也就是性格互补，你一天咋咋呼呼的，金先生这样的性格才适合你啊。"另外一个姐妹补充道。

　　"你们说的也是，我们家老金的确是大部分事都顺着我，不跟我顶嘴，这么来看，我还真见到金子了啊……"

　　"那是当然……"

　　的确，生活中，人们的很多性格特点都能从他们的生活习惯中看出来，其中就包括看电视，故事中的老金是个一看电视就睡觉的人，这样的人通常性格比较温和，很容易相处。

　　下面我们就根据这几种常见的看电视的习惯来读懂他人：

1. 忙里偷闲型

有的人看电视的习惯，与聚精会神型相反。他们不会为了专门看电视而坐在电视机前，他们把看电视当成一种附加活动，比如，在他们摘菜、打毛衣拖地时，他们会打开电视机，忙里偷闲地看看电视，他们不会把注意力放到电视上。这样的人，很有灵活行，他们做人做事都不会因循守旧，懂得变通，能够较容易地适应各种各样的环境。有时候，在条件允许，甚至是不允许的情况下，他们都很愿意尝试新鲜的事物，向自己、向外界进行挑战。

2. 聚精会神型

有这样一些人，他们喜欢在某个固定的时间，打开电视机，然后聚精会神地看电视，他们不会一边吃东西或者一边干家务，一边看电视。这样的人，他们做人做事就像看电视一样都很认真，全身心地投入。另外，他们的情感比较细腻，有丰富的想象力，很容易与他人产生共鸣。

3. 走马观花型

我们的家人或者朋友中，肯定有这样一些人，他们总喜欢拿着遥控器，然后不停地换台，好像就找不到他们喜欢的电视节目，常常造成身边的人不能认真地看电视。这样的人耐心和忍受力都不是特别强，他们的独立性很强，不属于那种人云亦云的人，也不是那种一哄而起，一哄而散的人。但他们在生活中很懂得节约，不会浪费时间、金钱、财力、物力等。

4. 睡觉型

有的人在看电视的时候看着看着就睡着了，经常是躺在沙发上就睡着了，而电视还开着。除去是因为工作太劳累，人非常疲劳的情况外，这种类型的人的性格大都是随和而又乐观的。他们往往也能够笑着坦然面对在生活和工作中遇到的挫折和困难，并积极地寻找各种方法，力争到最后轻松地解决。

　　看电视在我们的生活当中，几乎是一项不可缺少的重要内容，你却不一定知道，我们可以通过看电视，观察出一个人的性格特点。

第 8 章

言表心声：言谈话语微动作心理分析

　　现代社会，随着竞争的逐渐加大，一些人习惯了隐藏自己，人际交往时，单从对方所说出的话去了解一个人，已经变得不再那么现实了。但其实，在观察微动作的同时，我们还可以从彼此的言谈话语间找到一些细微末节的突破口，比如打招呼的方式、口头禅、语气语调等，将这些与微动作结合起来理解，能帮助我们更快、更准地把握人心。

从打招呼的方式辨析人性

人际交往中，人们刚开始见面或者遇到熟人时，都会采取一种表示友好的方式——打招呼，可以说，打招呼是一种最简便、最直接的礼节，我们每天都有可能需要实施，因此，打招呼的方式也就透露出了关于这个人性格的信息。我们不妨先来看下面这个故事：

老王是某事业单位职工，他和周围邻居、同事的关系都很好，很少得罪人，最近，单位从外地新调来了一个领导，被安排住在老王所在的小区。这天周末的早上，老王准备和妻子去买菜，在小区门口，这名领导看见了老王，便跟老王打招呼："老王，你好啊。""您好，李处长。"

当时，老王妻子也向这名领导点了点头。

后来，老王发现，李处长每次看见他，都会以这样的方式打招呼，多年的识人经验告诉老王，这名李处长是个藏得很深的人。

有一次，老王听说李处长过生日，便给他送了一幅画。第二天早上，他看见老王，还是那样打招呼："老王，你好啊。"老王心里纳闷，难道他不喜欢自己的送的礼物，谁知道，老王一到办公桌上打开邮件，就发现李处长给自己留言："老王，谢谢你，我很喜欢你的礼物……"

案例中的李处长是个典型的官，他们在人际交往中都表现得小心翼翼，不会给人留下口舌，很会注意自己的形象，因此，即便下属送了自己一件很喜欢的礼物，他们也会选择暗地里感谢，这样的性格，其实，在他几次和老王打招呼的方式中已经显现出来了。

的确，小小的一次打招呼，也能让我们找到了解他人性格的突破口，不同的人打招呼的方式大有不同，具体来说：

1. 打招呼时双方的空间距离，直接显示出双方的心理距离

不难想象，死党、闺密们在见面时打招呼会立即走过去，然后给对方一个大大的拥抱或者直呼对方的小名、昵称等，这会让我们感到很亲密。而如果某个人在跟你打招呼的时候下意识地后退几步，在他看来这是礼貌的表现，但你肯定会觉得他是有意识地抗拒你，是有所顾忌的表现。

2. 初次见面就很随便打招呼的人，是想形成对自己有利的势态

初次见面就很随和地打招呼的人，往往使人大吃一惊。有人常常认为这样的人很轻浮，其实这种人往往很寂寞，非常希望与别人亲近。去酒吧或俱乐部时，坐在自己旁边的女士，虽然彼此是初次见面，却很亲热地与自己交谈，事实上是那位女士为了使当场的状况变得有利于她自己。

心理专家提醒，当遇到"见面熟"的男性时，女性要特别小心，切勿使男性有机可乘。这种男性的性格浪漫大方，是个滥情家，性情懦弱，迷恋女性，且其中不乏游手好闲的男性。

3. 边注视边点头打招呼的人，怀有戒心

打招呼时伴有注视对方眼睛这一动作的人，可能是对对方怀有戒心，还有一种可能，那么就是希望自己处于优势地位。而凝视对方的眼睛，那么，就有可能是借此方式来探测他人心理。

4. 打招呼时不敢看着他人眼睛，多半是自卑所致

你可能会误解：你很真诚地看着对方的眼睛打招呼，而对方却没有回应你，而是避开你的眼神，你会认为他们是瞧不起人，而实际上并不是如此，他们可能是因为自卑或者胆小，因此，你需要抑制你的情感，不需要为此生气。

5. 虽然经常见面，还是千篇一律地打招呼，大多是自我防卫、表里不一的人

故事中的周处长就是这样的人，他们虽然与某个人见面次数很多，经常一起吃饭、喝酒，但他们见面时还是千篇一律地打招呼这种人具有自我防卫的性格。

6. "招呼常用语"揭示人的性格

"招呼常用语"指的是刚刚与某人结识或与熟人相遇时经常使用的打招呼的话语，心理专家曾有研究表明，从一个人的打招呼用语，可以了解这个人身上的很多性格特点。这些"招呼常用语"有：

"喂！"——他们开朗大方、活泼好动、思维敏捷、富于幽默感；

"你好！"——这类人性格稳定、保守、工作认真、负责、深得朋友信任，他们能很好地控制自己的情感，不容易情绪化；

"看到你真高兴。"——此类人大多性格开朗，待人热情、谦逊，对很多事物都很感兴趣，但容易感情用事；

"最近怎么样？"——这类人爱表现自己、自信、大方、渴望成为社交场合的聚焦，但同时，行动之前，喜欢反复考虑，不轻易采取行动；一旦接受了一项任务，就会全力以赴地投身其中，不圆满完成，决不罢休。

"嗨！"——他们比较多愁伤感、腼腆，不希望得罪人，常常会因为做错事而不敢尝试，但在与自己熟悉的人面前，他们也比较活泼，在周末或闲暇时间，他们更愿意与爱人一起宅在家中，也不愿外出消磨时光。

打招呼的方式因人而异，没有千篇一律的打招呼的方式，从打招呼和应答的方式中，都可以反映出人的性格特点。

口头禅彰显一个人的个性

生活中，我们经常会有意无意地提到某个词语或者某个句子，这就是口头禅。口头禅一词来源于佛教的禅宗，本意指不去用心领悟，而把一些现成的经验挂在口头，装作有思想。演变到今天，口头禅已经完全成了个人习惯用语的意思。而且，按照现代心理学的观点，口头禅其实也不是完全不"用心"的，它背后隐含着一些心理活动和心理作用。

芳芳在接受公司进行的销售新手培训，在培训的过程中，培训老师张老师发现，芳芳很喜欢把"说真的"挂在嘴边。

这天课后，张老师单独找来芳芳。

"你对自己满意吗？"

"挺好的啊，您为什么这么问？"芳芳很好奇。

"那也就是你认为自己很自信咯？那为什么你很喜欢说'说真的'这个词呢？"

"口头禅而已，这应该不能说明说明问题吧？"

"这你就错了，一个人的口头禅是能泄露一个人的性格特征的，我们千万不能低估客户的观察能力，一个人喜欢说'说真的'，其实是不自信的人，他这样强调，就是为了让对方相信自己，我想，你应该知道一个自信对于一个销售人员来说有多重要吧！你自己底气不足，又怎么能说服客户呢？"

"我知道了，谢谢您，张老师，我会尽量改掉这一口头禅的……"

和故事中的芳芳一样，相信很多人都有自己的口头禅，这看似是一种语言习惯，其实是一个人个性的显现。使用不同口头禅的人，在性格特征上是不同的，为此，我们不妨根据口头禅的不同来对我们身边的人进行划分：

1. "真的，不骗你，说实话"

这种人在说话时担心听者会误解或者怀疑自己，因此，他们便急于表明自己的立场。

2. "据说，听说"

常使用这一类口头禅的人，往往有这样一些特点：他们阅历比较广，但往往不够果断，因此，为了让自己的话不至于太过绝对、给自己留点退路，他们便常使用此类口头禅。

3. "嗯，这个嘛，啊"

很明显，这是一些用于语言间歇中的词语，常使用这类口头禅的人，往往思维反应较慢。当然，一些说话傲慢者也喜欢使用这种口头语。

4. "可能是吧、或许是吧、大概是吧"

这类人为人谨慎，行事周密，不容易得罪人，因此，人缘不错，但他们一般不会将内心的真实想法告诉别人。

5. "但是，不过"

这些人说话时滴水不漏，即使发现自己说错了话，他们也能立即找出一个例外，作为并用但是加以转折，但这也表明他们说话懂得留有余地，从事公共关系的人常有这类口头语，因为它的委婉意味，不致令人有冷落感。

6. "肯定嘛，必须的"

这类人往往信心十足，理智、果断，有足够的说服力，常令人信服。

著名心理学家威廉·詹姆斯说过："播下一个行动，收获一种习惯；播下一种习惯，收获一种性格；播下一种性格，收获一种命运。""口头禅反映了对某一类情形的反应模式。尤其带有消极词汇的口头禅，对认知和情绪都是一种消极暗示，所以，心理治疗师即使肯定别人，也很少说'不错'等带有双重否定的词汇。"

那么，从我们自身来讲，又该怎样避免口头禅为我们带来一些负面的效应呢？据有关专业人士介绍，三类对人心理健康不利的口头禅可要不得：

第一类，"我不行的""我怯场的"。在生活中，尤其是在一些特殊场合，我们常常听到这样的口头禅，表面上，这只是简简单单的一两句口头禅，但却对我们的心理起到极强的负面强化作用，会导致我们形成自卑感进而不利于目的的达成，更对我们的心理健康有害。

第二类，摒弃那些能使人产生刻板印象的口头禅。从心理学角度而言，所谓刻板印象，顾名思义就是人们在社会生活中，随着某些社会经验的积累，会过多地依据这些经验为人处世、判定他人。这类口头禅很多，比如，"帅气的男人一定花心""十商九奸！"这些带有刻板印象的口头禅会给人们带来偏见，既不利于人际交往的和谐，也不利于身心的健康。

第三类，则是诸如"凑合着吧""没劲透了""活着真没意思"这些会传染给他人消极情绪的口头禅。不抛弃那些口头禅，则会让你在社会生活中成为不受欢迎的人。

的确，几乎不可避免地，每个人都会有自己常用的口头禅，也许大家没有意识到，这些自己根本没注意到的习惯，已经悄悄地"出卖"了我们。为此，你不妨也从这个角度来好好分析。

从语气中感受对方心情的变化

生活中，人们常说："祸从口出"，所用的祸端来自语言，这句话是要告诫我们做人做事一定要谨言慎行，不可毫无顾忌地说话。但从这句话中，我们还应该得出的一点结论是，与人打交道，要想看清别人，就可以从对方的语言着手，当然，大部分时候，人们是不会直接表明自己的想法和情绪的，这一点，需要我们自己感知，犯罪心理学认为，从语气能感受他人的想法和情绪。的确，任何一句话，都是带有感情的，因此，就产生了语气。一个人的心情如何，通常都体现在语气中。

我们发现，那些犯罪侧写师们，也都是会察言观色的人，是不会只听罪犯表面话语的，而是懂得观察罪犯情绪的波动，只有这样，才能对症下药，采取正确的破案方式。

语言是内在最好的表现，是表达心声的最佳武器，而语气则具有隐性的特点，因此，一般我们在与人交际的过程中，就要学会观察对方的语气，假如，他说话高高在上，那么他必定是个得意之人，这样的人，你需要小心说话，以免生事端；假如他说话轻声细语，那么他就是个性格温柔之人，但也可能绵里藏刀，这样的人你更要提防；也有一些人说话大声爽朗，他们的性格和他们的声音一样，为人开朗大方；而更有一些人，他们说话诚恳，不矫揉造作，这样的人，他们谦虚悲恭、平易近人，这样的人，才能获得别人的诚心相待。

一般来说，一个人的感情或意见，都在说话语气里表现得清清楚楚，只要仔细揣摩，即使是弦外之音也能从说话的帘幕下逐渐透露出来。

1. 留意语速变化，就抓住了他的内心变化

如果一个平常说话慢慢悠悠、从不着急的人说话突然加快时，那么很可能是对方说了一些对他十分不利并且是无端诽谤的话，语速的加快表达了他内心的不满、着急和委屈；而相反，如果语速减慢的话，则很可能是对方触及了他的一些短处、弱点甚至是错误，要不就是他有事瞒着对方。语速的减慢反映了他底气不足、心虚、卑怯的内心状态。

2. 声调的提高，并不一定是有理

音调的变化，语气的改变能体现一个人内心的动荡，反映出一个人真实的一面。理直才能气壮，为了引起你的重视，他往往会提高声调。对此，你可以这样说："是的，我也认为……"

3. 沉默寡言的人变得健谈，是因为心里有"鬼"

突然由沉默寡言变得健谈的人，往往是刚遇到了一些自己不愿意别人提及的事情，也就是心理有"鬼"。对此，我们要识趣，我们可以这样说："对了，我想起一个问题……"这样，就能顺利把话题引开，把对方的思维引向别处。

生活中，我们能从别人的声音和语调来看出一个人的人格、品性以及他在与你交谈的时候的情绪等，当我们得知这些以后，就能更深入地了解应酬对象，从而方便我们做出轻松自如和正确的应酬决策。

品音色，听出他人的心理密码

音色是声音的特性，一般而言，音调的高低决定于发声体振动的

频率，响度的大小决定于发声体振动的振幅，但对于不同的人来说，其发出声音的音色是不同的。其实，音色的不同取决于不同的泛音，不同的人发出的声音，除了一个基音外，还有许多不同频率的泛音伴随，而恰恰是这些泛音决定了其不同的音色，使我们能分辨出不同人发出的声音。简单地说，每一个人即使说着相同的话，也存在着不同的音色，因此，我们可以根据这些音色去分辨出对方。

犯罪心理学家认为："音色是性格的密码。"在生活中，我们常说，谁的嗓子音色很美，或音色沙哑、独具个性，有时候，我们还会评论小提琴家"音色丰富多变"，等等。其实，这些独具个性的音色，恰恰是我们摸清对方性格的钥匙。

在西晋的时候，王湛的父亲去世了，他居丧三年，丧期满了，就居住在父亲的坟墓旁边。侄子王济来祭扫祖坟，从来不去看望叔父王湛，两人偶然碰到了一起，也是寒暄几句就作罢。

有一次，王济试探性地问了叔父最近的事情，王湛回答时音调适当，音色温顺流畅。王济听了，大吃一惊，在他看来，叔父在之前不过是胆小怕事、缺乏主见、意志软弱之人，没想到，现在变得如此稳重。在这之前，由于王湛的品性，王济从来不把他当叔父看待，自从这次听了他的言谈后，心中生出了敬畏之意。自己虽然才华出众，但在叔父面前，却是自愧不如。王济不禁感叹："家里有名士，30年来却不知道！"

以前，晋武帝每次见到王济，都会拿王湛开玩笑，问他："你家里那位傻子叔父死了没有？"每到这时，王济总是无言以对。自从与叔父畅谈之后，王济对叔父有了新的认识，等到晋武帝再那样问起的时候，王济便回答说："臣的叔父并不傻。"接着，王济便如实讲出了王湛的优点。晋武帝问道："可以和谁相比呢？"王济回答说："在山涛之卜，魏舒之上。"由于王济的推荐，王湛的名气逐渐大了起来，在他28岁的时候就步入了仕途，被天下人所知。

心理学家认为，说话速度较慢、音色温顺平和的人，他们对于权力都看得很淡，过着与世无争的生活，比较容易与人相处。不过，由于个性比较软弱，胆小怕事，对于外界的人和事都采取逃避的态度。不过，这样的人有着丰厚的内在素养，若是有人在旁边提携一把，他会成为一个大有作为的人物，比如王湛。

下面，我们就介绍几种常见的音色，以此来判断对方属于何种性格。

1. 音色柔和

这样的人待人宽厚，性格大度，做事懂得变通。他们不会轻易与人发生争执，在他们看来，无谓的争辩只会伤了彼此间的和气。他们藏起了自己的锋芒，在交际中展现八面玲珑的一面，擅长处理人际关系。

2. 音色铿锵有力

这样的人是非分明，对于任何事情都需要坚持原则，给人的感觉就是原则性太强，而不懂得变通，常常因为一件小事情，而让人没有商量的余地。不过，在另外一方面，他常常因为公正而受到人们的尊敬。通常，他们在评价别人的时候，不会因主观原因而产生偏见，即使与对方存在私人恩怨也可做到公正无私。

3. 音色深沉

这样的人大多才华出众，语气凝重，言辞隽永。对于生活中的人和事，他们能够理解得深刻而准确，对自己和他人很负责任，值得信赖。或许是因为不擅长处理复杂的人际关系，他们往往不能得到重用，自己的才华也无处施展。

4. 音色激烈

这样的人有着较强的好奇心，有较为独特的思维能力，敢于向传统挑战，敢于向那些所谓的"权威"挑战。他们有着丰富的想象力，经常会想出一些奇思妙计，在语言表达上，他们显得与众不同，比较有吸引力。不过，由于其敏感的性格，不能冷静地思考，所以难以被人所理解。

5. 音色尖锐

这样的人言辞比较犀利，喜欢与他人争辩，在与他人争执过程中，一旦抓住了对方的语言漏洞就会毫不留情地反击，以至于令对方哑口无言。他们看问题比较准确，不过，由于语言极具攻击性，因此，他们总是忽略事情的整体一面，而使自己常常陷入抬杠的境地。

熟悉声乐的人应该明白，声和音是两个不同的概念。音是声的余波、余韵，两者之间相差不远，但在它们之间还是存在着细微的差别。在平时生活中，大部分人说话，只不过是声响散布在空气中而已，没有音可言。当然，如果说话的时候，虽然嘴巴张得很大，但声未出而气先发，那就表示对方有着深厚的内在素养。一个人的喜怒哀乐，是可以通过音色表现出来的，即使对方很想掩饰自己或者控制自己，但其内在情绪还是会不由自主地泄露出来。所以，我们通过音色来识别一个人的性格及内心世界，是比较可行的方法。

听懂对方的弦外之音

如何听出一个人的"弦外之音"？对此，曾国藩说："辨声之法，必辨喜怒哀乐。"一个人的七情六欲，喜怒哀乐都可以从声音中听出来。所谓"话由心生"，心境不同，发出的"声"也会有很大的不同。

在人际交往中，我们时常会遭遇这样尴尬的场面：对方明明是一张笑脸，却转眼变成了黑脸。究其缘由，就在于我们没能适时听出对方的"弦外之音"。有时候，语言的交流相当于一场没有硝烟的战争，彼此都是心照不宣，但为了保持一种良好的风度，却又不敢直接表露出来。于是，那些看似平静的言辞之中，往往隐藏着刺儿。如果你稍有不慎，就会被对方的弦外之音所伤害，使自己处于一个被动的境地。所以，与人交往，我们要留意对方的声音，学会听懂对方的"弦外之音"。

当吕不韦命人编撰好了《吕氏春秋》，他召集了包括李斯在内的很多人举行了一次盛大的聚会。在一片笑容之海中，吕不韦面带笑容，慷慨言道："东方六国，兵强不如我秦，法治不如我秦，民富不如我秦，而素以文化轻视我秦，讥笑我秦为弃礼义而上首功之国。本相自执政以来，无日不深引为恨。今《吕氏春秋》编成，驰传诸侯，广布天下，看东方六国还有何话说。"字字掷地有声，百官齐声喝彩。

之后，吕不韦召士人出来答谢，吕不韦也坦然承认，这些士人是《吕氏春秋》的真正作者。李斯发现那些士人精神饱满，神态倨傲，浑不以满殿的高官贵爵为意。在他们身上，似乎有着直挺的脊梁，血性的张狂。当时的《吕氏春秋》中记载："当理不避其难，临患忘利，遗生行义，视死如归。""国君不得而友，天子不得而臣。大者定天下，其次定一国。""义不臣乎天子，不友乎诸侯，得意则不惭为人君，不得意则不肯为人臣。"

李斯看着那些强悍的将士，聪明的他猜出了吕不韦的弦外之音："哪怕有一天我吕不韦失去了天下，但是只要有这些英勇的将士，谁也别想轻视我。如果你想和我作对，还是需要好好考虑再作打算吧"。于是，李斯当即陷入了沉默，不再言语。在这里，吕不韦虽然是笑容满面，而声音也很正常，但从那平稳的语调中，却透露出一种胁迫的力量。

1."温柔"的反击

当女记者对丘吉尔说："如果我是您的妻子，我会在您的咖啡里下毒药的。"丘吉尔温柔地看着她说："如果我是你的丈夫，我就会毫不犹豫地把它喝下去！"在这里，丘吉尔的声音里一点也没表现出生气的情绪，反而是温柔地告诉对方自己心中所想。

有时候，在与他人的语言交流中，如果我们在言语上触碰了对方的伤痛，这时，对方还是以平静而温柔的声音回答我们，我们就应该留意了，对方话里是否藏有"利剑"。当然，并不是指所有温柔、平静的声音里都藏有弦外之音，话中是否还有别的意思，这需要我们根据语言交流的进程来猜测。

2.犀利的语调

有的人本身不善于隐藏自己的情绪，一旦被话语击中，他会毫不犹豫地进行反击。这时，对方心中愤怒的情绪已经反映在其犀利的语调中了。如果是面对言辞犀利的对手，我们不妨采用一些方法进行回击。

当然，这也需要掌握一些语言上的技巧，或者是话里有话地答复对方，或者是以自嘲的方式来使自己摆脱困境。你在措辞的时候，一定要注意即便是回击也要不着痕迹，不要伤害到对方，在对方面前，你应该保持一个对手应该有的胸怀和气度。

《南史·范晔传》："吾于音乐，听功不及自挥，但所精非雅声为可恨，然至于一绝处，亦复何异邪。其中体趣，言之不可尽。弦外之意，虚响之音，不知所从而来。"通常情况下，那些隐藏在话语里的"弦外之音"是不会轻易地被发现的，它只是在话语里间接地透露出来，而不是清晰地表达出来，它有可能隐藏在语调里，有可能藏在音色里。这就需要我们在与对方进行语言交流时，仔细揣摩出话语里的弦外之音，才能清楚对方想表达的真实意图是什么。

第 9 章

留心观察，解读日常生活中的小动作

在我们的日常生活中，我们身边的每个人，都有一些习惯性动作，比如，有的人喜欢选择靠窗的座位坐下，有的人喜欢把发票揉成团，也有一些人似乎总是离不开手机……这些看似不经意的小动作，其实都是一个人内心活动的显现，从这些小动作入手，也许能帮助你或者身边的人做个更全面的心理健康评估。

飙车族为什么对方向盘那么痴迷

现代社会，有个新兴的名词叫飙车族，所谓飙车族，是社会上对飙车的人的统称，他们把汽车当作宣泄的工具，他们经常相约某个时间，几个人一起，在宽敞的道路上踩下油门，追求"飞一样的感觉"。小"海归"、爱车一族、汽车改装店老板、明星等容易成为"飙车族"。近年来，飙车行为开始在国内一些大城市出现，电影《头文字D》中展现"汽车漂移一族"的飙车场景常常出现在现实生活中。北京出现过"二环十三郎"，这是一个群体的代名词，即车主用13分钟飙完北京整个二环路。在上海，一些高架道路由于路况较好，也成为飙车的主要场所。

那么，这些人为什么那么痴迷方向盘，即便明知道有生命危险？

"飙车族"多数都具备以下特征：

一是30岁以下的年轻人。"飙车族"基本由18岁到30岁的年轻人组成，但是他们并不都是经常参与飙车活动的，主要是因为爱好汽车而凑到一起，"整天玩命的都是那些20到23岁的，真正没有多少人，毕竟太危险，上点年纪就知道怕了。"

二是有过国外生活经历的小"海归"。他们在国外生活期间习惯了国外夜生活的方式，或多或少地参与过国外的地下赌车或者飙车活动，希望回国后继续追求这种刺激。

三是衣食无忧者。用他们的话说就是"有一定背景，一旦被抓多少能有点路子"。他们家中至少有2台车以上，平时驾驶的车和玩的车不一样，用来改装的车基本不上路。这些人中包括汽车改装店老板及合伙人、私企老板或年轻白领、旺族的富家子弟甚至还有演艺和体育圈小有名气的明星。

四是爱车一族。很多人进入这个圈子一开始并非希望加入飙车的行列，而是爱车且希望张扬个性的人，在偶然的机会中看到了别人的车与众不同，就此互相交流心得而认识的。

轰鸣的引擎，追风的速度，沿途纷纷侧目的满足感，到底是什么吸引着这些年轻人迷上飙车？

据专家介绍，在20岁左右这一年龄段，正是心智走向成熟的重要阶段。飙车族觉得自己有能力，希望能够得到社会和周围人的认同，追求刺激，敢于冒险。由于他们还不够成熟，往往不懂得如何进行自我保护，所以才会涉入一些高危险的活动。另外，他们对社会的约束和规范，往往知之甚少或者重视不够，有的以挑战社会规则为乐趣。

这种病态心理，说白了就是和毒瘾、网瘾的心理需求是一样的，应当引起当事人和社会的重视。

心理专家认为，生和死交接的地方，可以体验一种死亡的恐惧。当人战胜这种恐惧的时候，心理的确得到了一种很大的满足。另外，在这种过程当中，不仅给自己刺激，而且，车辆经改装后发出的声音，包括速度，也同样会给周围的人带来很大的刺激，所以在这样的一种相互刺激当中，飙车族才得到了一种很病态的心理满足。

不得不说，任何人都可以有自己的爱好，但如果把自己的爱好建立在对自己和他人的生命的威胁上，就应当引起重视。专家建议，如果要对这种行为进行有效制止的话，不仅要通过法律和社会舆论的监督，必要的情况下还要接受一些心理的干预。

经常把小票或发票揉成团说明了什么

生活中，我们可能经常会看到这样的现象：在超市或商场的收银台，一些人会把结账时的小票或者发票使劲揉成团或者撕成碎片。心理学家称，一般来说，这类人的精神压力比较大，小票或发票就是他们发泄的对象。

我们在日常工作和生活中难免会遇到一些不顺心的事情，不快的情绪如果没有及时得到排解，将会有害身心健康。而且，假如我们凡是遇上不顺心的事情，就将自己不快的情绪发泄到家人或朋友身上，又会伤害身边最亲近的人，甚至影响家庭或同事间的和睦关系。因此，对于大多数人来说，都会寻找情绪的宣泄方法，其中，就包括把发票或者小票揉成团，当然，这是他们无意识的行为。这样的方式似乎能让情绪平静一些。这些借助其他方式来发泄情绪的行为，心理学称为"转移行为"。

把情绪发泄到小纸片上，虽然不能从跟本上解决问题，甚至也不能给人带来多大的快感，但很多人就是忍不住要这么做。

可见，找到适当的方式确实有助于消解精神压力。

转移行为的具体形式因人而异，而且即使是同一个人，在不同情况下使用的发泄方式也不同。比如，电影中，我们会看到一些夫妻，因为小事吵架后，他们会把盘子、杯子摔得粉碎，这就是转移行为的一种。因为发泄情绪的对象是完全没有关系的事物，所以也可以说是一种乱发泄。

的确，每个人都会产生不良情绪，有这很正常，但我们不要把这些情绪压抑在心中，因为一味地压抑心中不快，只能暂时解决问题，负面情绪并不会消失，久而久之，就可能填满我们的内心世界，使我们的身心越来越疲惫。因此，除了自我调节和消化外，我们还应该给不良情绪找个宣泄的出口，让它尽快释放出来，正所谓"堵不如疏"。将负面情绪减小到最低程度。

不过，如果能在了解自身精神压力原因的基础上，通过转移行为很好地发泄负面情绪，那么这样的转移行为就是一种健全的精神压力消解法。

每个人都会对身边的事情产生一些负面情绪，但自控能力强的人善于以正确的方式排解心中的不快，而不是将情绪传染给身边的人，让他们成为我们情绪发泄的对象，面对情绪，我们可以通过开拓视野的方法，把情绪放走。

那么，我们该如何修炼自己平和的心性，避免情绪化呢？发泄自己的不良情绪，有很多方法：

第一，倾诉法。

当你心情不好时，可以找自己最信任的朋友倾诉，但你最好找那些比较冷静、理智的人当朋友，因为他们能给你提出一些疏导情绪的意见。

第二，摔打安全的器物。

如枕头、皮球、沙包等，狠狠地摔打，你会发现当你精疲力竭时，内心是多么畅快。

第三，高歌法。

唱歌尤其是高歌除了愉悦身心外，它还是宣泄紧张和排解不良情绪的有效手段。

第四，环境调节法。

心情不好或感到压力大、郁闷不乐时，你可以走出办公室，走出家，去大自然中呼吸新鲜的空气，我们的情绪往往就能很快得到舒缓。如果有条件，还可以进行短期旅游，从而彻底放松自我。

第五，注意力转移法。

当出现不良情绪时，可以将注意力放到其他事情上去，做自己喜欢做的事，比如，打球、上网、跑步等，从而将心中的苦闷、烦恼、愤怒、忧愁、焦虑等不良情绪通过这些有情趣的活动得到宣泄。

心理学家认为："在发生情绪反应时，大脑中有一个较强的兴奋灶，此时，如果另外建立一个或几个新的兴奋灶，便可抵消或冲淡原来的优势中心。"我们因为某件不顺心的事情烦躁、暴怒的时候，可以有意识地做点别的事情来分散注意力，缓解情绪。

在日常生活中经常难以自制地做出转移行为的人，多属于性格敏感型。他们容易积压精神压力，也容易忧虑。一个成熟的人应该有很强的情绪控制能力。无论遇到什么事情，哪怕是违背自己本意的事情，都得控制自己的情绪，不能有过激的言行。唯有如此，才能成就大事，从而达到自己的目标。

热衷于照镜子的人，有自恋倾向

日常生活中，相信每个人都有照镜子的习惯，出门前照照镜子，确保自己的仪容整洁，能让人增添信心。也有一些比较注重自己外表的人，即便是咖啡厅卫生间的镜子、街头的橱窗、地铁车厢的玻璃，也能成为他们的镜子，当他们不经意间从这些地方经过时，只要自己的身影进入视线之内，就会不自觉地多看两眼，以检查自己的仪容仪表，这是一种很自然的行为，任何人都会这么做。

看到自己衣冠不整、头发乱了，就会整理好，而且还会对着镜子调整自己的表情。可以说，这是为了给别人留下好印象而做的，是一种必要的社会行为。另外，通过检查仪容仪表，可以确认自己的存在感，这样才会安下心来做下面的事情。

　　不过，照镜子也是有限度的，如果一个人把照镜子当成了生活中必不可少的部分，时刻离不开镜子，那么，他就很可能有自恋的倾向，可能你也发现，在商场的卫生间中，我们常能见到一些"爱美"的女士像占领地盘一样长时间站在镜子前，整理自己的头发或者补妆。有时，甚至能发现有的女士只是在那里摆弄姿势和自我陶醉，她们这么做，给后面的人造成了相当大的困扰。

　　对这样的人，周围的人肯定会小声议论，认为她很"自恋"。那么，什么是自恋呢？

　　自恋一词源自希腊神话中的人物Narcissus。Narcissus是一位因痴迷于自己的容貌最终溺死的青年。故事是这样的：Narcissus是一位长相十分清秀的美少年，他对任何姑娘都不动心，只对水中自己的倒影爱慕不已，最终在顾影自怜中抑郁死去。Narcissus死后化作水仙花，依然留在水边守望着自己的影子。

　　过分注意自己形象的人，会像Narcissus一样，变得自我陶醉和自恋。

　　一个人如果有自恋倾向，他除了会不断地照镜子外，还有其他一些表现：突出标志是自我标准和自我关注，他们把关注的焦点投射到狭隘的自我身上，并且用自己认定的固定不变的标准来要求周围的人和事。当周围的人和事符合他的主观标准时，他们就表现出高兴或满足；而当周围的人或事不符合他们主观标准时，他们就表现出抑制、愤怒、焦虑等不良情绪状态。

　　心理学家称，自恋是我们心灵发展过程中残留的儿童成分，它不仅会严重阻挠我们人格的健康发展，而且还被一些心理治疗大师认定为一切心理疾病的总根源。美国当代最有影响的心理治疗大师斯科特·派克说过，漫无节制的自恋是心理与心灵疾病的主要前兆，自恋表面上表现为一种过度的自我关注。

那么，一个人如何摆脱自恋呢？

专家建议，放弃单一的自我标准，学会从别人的角度看问题，扩大自己的兴趣范围，拓展自己的心灵空间，走出小小的自我，走向更大的社会。具体来说，你需要经历两步：

第一步，解除以自我为中心的人生观。

自恋型人格的最主要特征是自我中心，而人生中以自我为中心的心理最为强烈的阶段是婴儿时期。要治疗自恋型人格，必须了解婴儿化的行为。请一位和自己亲近的人作为监督者，一旦出现强烈的自我中心主义的行为，便给予警告和提示，督促自己及时改正。通过这些努力，自我中心观是会逐渐消除的。

第二步，学会爱他人。

对于自恋型人格障碍的人来说，仅仅抛弃自我中心的观念是不够的，还必须学会去爱他人，唯有如此，才能真正体会到放弃自我中心观是一种明智的选择，因为任何人要获得他人的爱，首先必须付出自己的爱。而自恋型人格障碍者的爱就像是幼儿的爱，不成熟的爱，因此，要努力加以改正。只要在生活中多一份对他人的爱心，自恋症状便会自然减轻。

自恋的人对自己的形象非常敏感，也非常在意周围的人对自己的评价，还常伴有自卑感。另外，过度沉溺于镜子中的自己，也是逃避现实的一种表现。判断是否自恋的一个标准，是看照镜子是为了检查仪容仪表，还是陶醉于镜中的自己。

手机依赖症是一种心理疾病

很久以前，生物学家为了研究刺猬的生活习性，他们做了一个实验：

寒冬腊月，生物学家将十几只刺猬放到了屋外，寒冷的刺猬们为了能取暖，只好抱在一起，但是他们浑身长满刺，只要他们一靠拢，又会被对方身上的刺扎到，因而不得不分开。

天气实在很冷，他们冻得受不了，他们又靠在了一起，但又会被刺到，他们不得不再度分开。于是，他们不得不重复这样的过程，不断地在受冻与受刺之间挣扎。最后，聪敏的刺猬终于找到一个方法，那就是保持适中的距离，这样既可以相互取暖，又不至于被彼此刺伤。

这就是心理学上的"刺猬法则"。仔细想一想，确实如此：如果人和人靠得太近，可能会相互讨厌；如果离得太远，又会感到寂寞。现代人和刺猬一样，也掌握不好彼此之间的距离。

对身陷这种困境而烦恼不已的人来说，手机成为与别人保持适当交往距离的唯一工具。因此，他们会非常留意手机是否有来电或者短信，而即便在工作中或繁忙时，他们也会频繁地检查手机。

生活中的你，现在不妨来问问自己：睡觉前在床上你会做什么？是窝在被窝里在微博上刷屏，还是瞅两眼流行的视频，或是在手机上点击着微信？在一个个不眠之夜，越来越多的人在临睡前拿起手机做这些事情。

可以说，对于大部分现代人来说，只要离开了手机，他们就会陷入不安。

当然，对任何人来说，没有手机都会觉得不方便，只是严重程度有轻有重。有的人手边没有手机的话，就会坐立不安，甚至感觉到自己被全世界遗忘了，这就有点过度了。

这样的人被称为患了手机依赖症，曾有媒体就手机依赖症这个问题报道了一条有趣的新闻："一个周末，一个家庭来到一家餐厅就餐，在饭桌上，老人想和孙子孙女们聊聊天，但孩子们却只顾玩自己的手机，老人受到冷落后，一怒之下摔了盘子离席。"有网友开玩笑说，"世界上最遥远的距离莫过于我们坐在一起，你却在玩手机。"

实际上，这样的人一般不善于和人面对面地交往，为了消除人际交往中的不安感，他们对手机产生了依赖。只要和别人交换了电话号码，以后就会只靠电话联系，要么打电话，要么发短信。时间一长，也许连对方长什么样都忘记了。只要能经常看到对方的短信，就觉得他是自己的好朋友，于是就安心了。

有心理和社会学专家指出，如果一味依赖手机，深受手机影响的话，会给我们很多人的心理和社交带来严重影响。"朋友们在一起，全都低头不语，手机成精神寄托。人和人之间的关系就这样疏远了，自己在无形之中建造了一座心墙，这座无形的心墙，往往就会成为我们前进的最大障碍。"

人是具有社会性的群体，人的一切活动和生活都离不开社会交往和交际互动，太过依赖手机，长期远离与现实社会的接触，不单会使我们的社会性退化，也会在心理上产生趋于退缩和自我保护的心理意识，从而催生性格上的缺陷，譬如过分的自卑或自傲，交际能力退化等。

为此，如果你是一个依赖手机的人，那么，你最好做出改变，比如：

1.试着扔掉手机

总是把玩手机其实是一种生活习惯，要改变这种不健康的生活状态，我们还应该从小事改变，不妨尝试着把手机交给朋友、家人保管一两天，去感受一下和朋友聊天的快乐，也去商店看看，要知道，讨价还价也是购物的一种乐趣。刚开始，也许你会感到不习惯，但只要你坚持下来，你就会发现，不再一味地依赖手机，也是一种快乐。只要肯迈出第一步，剩下的99步就不再是难以攻克的障碍。

2. 打开自己的社交圈

俗话说："在家靠父母，出外靠朋友。"拥有良好的人际关系可谓是百利而无一害。经常玩手机的你有没有觉得自己很孤单？遇到了问题是不是没有人可以倾诉？真诚的朋友会带走你世间的一切烦恼。既然世界上存在这样一种"烦恼清除器"，你为何不留下它呢？

3. 积极参加一些体育锻炼

运动不仅可以提高身体的抵抗力、增加血液循环、调节心率，还能够放松心情、缓解压力、补充精力。当你体会到运动带给你的愉悦之后，这种规律、健康的生活方式一定会打动你。

4. 多进行一些户外活动

清新的空气和明媚的阳光是最好的"心情净化剂"，定期出去参加一些爬山活动或旅行是不错的选择。

可见，"手机依赖症"严格意义上说是一种心理疾病，这种症状多见于比较孤僻、自卑、相对缺乏自信的人。看上去玩手机会让你觉得很惬意，但内心的凄楚和悲凉是包不住的。正常的生活不应该是这样封闭的，而是应该和朋友一起分享的，该活动的时候活动，该放纵的时候就放纵。人毕竟是具有社会性的动物，脱离了人群，我们不会生活得很美好。

一边打电话一边信手涂鸦是一种代偿行为

你有没有这样的感触：这天上午，你正在办公，对面办公桌上的电话响了，你的同事拿起电话，然后和客户交谈起来，大概过了几分钟，你发现，你的同事拿起了笔，然后在纸上随便涂画起来，你发现，他并不是在记什么重要的内容，只是信手涂鸦而已。他为什么要这么做？

这种无意识中消除紧张或不安的举动，心理学称为"代偿行为"。代偿行为亦称"补偿行为"，当一个人不能采取特定的行为满足需要而用其他行为满足需要时，这种行为就是代偿行为。

它大体可以分为：关于对象的代偿和关于手段的代偿。

所谓对象的代偿，就是目标A用目标B来代替，如对音乐的热衷是因为得不到栽培而用美术活动来代替；手段代偿，就是手段A用比较容易的手段B来代替，如一个学生会故意采取一些古怪的方法吸引老师的注意力。当然，大多数时候，这两种代偿是交叉使用的，并未有明确的界限。

代偿行为在多大程度上对原来的需要起了代偿的作用，叫代偿价。代偿价受需要的种类、强度、复杂度以及原来的目标与代偿目标的类似程度等许多因素所决定。代偿行为有时也以空想的、言语的形式表现出来，有时通过习惯化可以代替原来的目标而使对原来目标的兴趣减退。

除了上述所说的涂鸦外，人们还可能一边打电话，一边反复地把桌子上的东西从左边移到右边，再从右边移回左边，甚至干脆开始整理自己的桌子。其实，这些行为的背后隐藏着同一种心理状态。

例如，打电话时，对方因为愤怒而不停地向我们咆哮，我们恨不得马上把电话挂断，但有时又不敢这么做。于是便会产生精神压力。为了减轻自己的精神压力，我们的手会无意识地动起来，以便给大脑一些刺激。然而，和好朋友打电话聊得非常高兴时，基本上不会出现代偿行为。这也可以从一个侧面证明，代偿行为的目的就是为了缓解精神紧张。我们再来看下面的故事：

老杨和老马是研究生时代的同学，毕业后又到同一家研究所工作，两人关系不错。

从工作开始，老杨就勤勤恳恳地工作，他为人正直，工作上进，但尽管如此，获得尊敬的他却一直没有如愿评上工程师职称。

刚开始，单位的理由是需要工作年限，但等到年限够了，新的条件又出来了，比如什么要过专业英语多少级之类。老杨的性格一下子变了。他的脾气也不是和和气气的了，因为一件小事就可能跟人吵起来，无论是他周围的同事，还是家里的妻子女儿，都成为他发泄的对象。

而老马就不这么想，虽然没被评上职称，但情绪却比老杨乐观洒脱得多。

老马说："一开始我也很苦恼，可是仔细想想，事已至此，何必苦恼，要是发牢骚，家里家外都搞得好紧张。我从来没有不相信自己，我现在开始自费学习英语了，要是以后评不上了，我就去搞民办科技实体。最近我还在撰写一部丛书。这使我有更多的话题去交更多的朋友。这时再看，那些先评上工程师的人，有的却已泄了劲，没有了压力，生活得并不比我更愉快。"

同样一件事，老杨和老马两个人的态度完全不同，这除了他们彼此有不同的性格、志趣等因素之外，还与他们处理障碍的态度不同。老杨只有一个寄托——评职称，而且是始终不可变更的。这就将他限制在一个很小的范围，整日为此担心发愁，错过了其他很多可能的机会。他这样做，等于是把自己喜怒哀乐的决定权交给了别人。而老马却有很多寄托——评职称、学习英语、参加朋友聚会等。职称评不上，他还可以有其他的东西作为代偿。别人决定的事听凭自然，而他去做自己可做决定的事，去寻找自己的快乐，并向未来投资，使自己将来的发展道路更宽。

除了打电话时信手涂鸦外，我们还需要注意的是，在约会时你的对象的手部动作。在冷饮店，反复摆弄吸管；在咖啡厅，没完没了地用勺子搅拌咖啡；在饭店里，把一次性筷子的包装袋折得很小……这些都是属于代偿行为。如果您约会的对象出现了类似行为，那您可要注意了。

约会时，如果发现对方出现了代偿行为，那说明他（她）感到很无聊，对这个约会不怎么感兴趣。不过，对方并没有清楚地意识到自己内心的无聊感，做出的代偿行为也是无意识的。如果我们不想办法吸引对方的注意力，他们的代偿行为将会一直持续下去。在这种情况下，如果通过改变话题还不能吸引对方的话，就要想方设法引导他（她）说话，或者干脆换个地方约会。

可见，当一种愿望无法得到满足，人具有用其他愿望来代替它，并转向其他活动的倾向。当人遇到难以逾越的障碍时，往往会放弃最初的目标，通过达到实现类似目标的办法，谋求愿望的满足。这种做法叫作代偿行为。

看到别人排队也想加入是什么心理

现代社会，我们都强调要创新，任何重大成果的发现，都离不开创新意识的发挥。任何一个人，也只有敢于突破，敢于创新，才能有所成就，而如果你是一个有从众心理的人，什么都想着和大家一样，那么，你只能一事无成。

事实上，在我们生活的周围，总是有不少人踩着别人的脚步前进，因为他们觉得只有和大家一样，才会觉得安心。

可能你也发现，在某个街角，如果一家拉面店或者冰激凌店很火的话，那么，每天都会排起长龙。为了吃一碗拉面，人为什么会花一两个小时排队等候呢？

是因为拉面非常好吃？或者对拉面店怀有好奇心？其实，众多人排队的原因并没有这么简单，这是心理学上一种"同调行为"的具体体现。在人的心里，都想和多数派保持步调一致。

人都有一种从众心理，从众心理很容易导致盲从，而盲从往往会陷入骗局或遭到失败。排队也是同样的道理，当看到那么多人都在排队，自己也不想落单，和大家采取同样的行动才会感到安心。

有一个不可思议的现象，那就是在排队的人中，竟然有不知自己为何而排的人。如果问他们："你知道你排队等候的饭店是做什么菜的吗？"他会回答："不知道。"而且，队伍越长越能激发人们排队的欲望。排队的长龙好像在说："快来吧！前面有好东西。"让人对前面的东西产生强烈的期待。

事实上，盲目地跟随他人不一定有好结果，我们的生活需要创造力。创造力是指产生新思想，新发现和创造新事物的能力。身处竞争激烈的现代社会，我们应当具有锐意变革的精神，才能始终使自己处于竞争中的有利地位。对此，我们首先要做到的就是破除自己的从众心理，学会独立思考。

那么，生活中的人们，该如何做到破除自己的从众心理呢？为此，你需要做到：

1. 敢于坚信自己

创新能否最终获得成功，能不能相信自己很重要，有自信，相信自己正确，那么，你就敢走自己的路，就能不怕失误、不怕失败，在大多数情况下，不敢自信走"小路"的人，通常也难成为创新型人才。

2. 敢于打破各种定见和共识

要想成为一个有创造力的人，你需要：

第一，不要迷信权威；第二，不要太依赖他人，学会独立思考；第三，摒除观念思维、经验主义等主观定式，不要给自己套上思维枷锁，你不仅需要敢于挑战书本的权威，也需要敢于自我否定。

3. 敢于否定他人

独立思考是否定他人、提出不同意见的前提，反过来，做到后者，你也会逐渐学会独立思考。

4. 独立面对各种难题

正如一位名人所说："所谓成长，就是去接受任何在生命中发生的状况。即使是不幸的、不好的，也要去面对它，解决它，使伤害降至最低。所谓的成长，所谓的智能，所谓的成熟，都不过如此。"这样的男孩才能独当一面，成为一个自立自强的男人。

一个有从众心理的人是很容易人云亦云的，这种心理足以抹杀一个人的前进的雄心和勇气，足以阻止自己用自己的努力去换取成功的快乐，它还会让我们跟随他人的脚步而只能停在别人的身后，以致一生都碌碌无为。因此，如果你想获得成功，那么，从现在起，无论遇到什么，你都要学会独立思考，别人云亦云。

第 10 章

识破谎言，撒谎时的微动作你发现了吗

　　犯罪心理学家认为，很多时候，一个人的行为也是可以伪装的，不过其心理却是异常真实的。在生活中，我们要善于识别人心，可以利用细微表情或动作来观察对方的一举一动，按照这些判断对方言语背后的真正心理，然后判断对方是否在撒谎。

人们在撒谎时一般会做什么

犯罪心理学家认为，说谎是人的天性，不过是后天出现的，尽管有时说谎却并非是恶意，也有善意的，也有不得已的，不过大凡是说谎的人都有一种心理。几乎所有喜欢撒谎的人都需要思考怎么样让自己的谎言不被揭穿，而这种心态就会染上一种保护色彩，希望自己能够快速地实现。不过，假如一旦被揭穿露馅了，那说谎者就会感到自卑，没有脸面，同时对周围的环境感到恐惧和焦虑。

然而，那些喜欢撒谎的人，他们的心里到底是一种什么样的想法呢？

1. 撒谎者的身体微反应

心理学家认为，当人的大脑受到外界的各种诱惑，就会短暂地出现偏离轨道的行为，且控制着诚实的身体去做一些违背自己意愿的一些行为。这些行为就是撒谎导致的，所以可以说，说谎者的身体微反应可以直接体现出撒谎者的心理：由于是不自主的生理、心理反应，而这些反应很自然地通过其体态语言暴露出来，比如小偷拿了别人的钱财肯定会慌张、急速、逃离各种行为掩饰自己没有偷窃的行为，然后直接反映在心里。

2. 撒谎只是为了保护自己的利益

这个社会比较现实，为了生存，为了自己的某些个人利益，而出现了走弯路，这时只有撒谎，利用撒谎来躲避这个社会的各种压力以及束缚。简言之，撒谎就是为了逃避社会现实。

现代人的心理越来越复杂，比如他们在就业、学业、家庭中会遇到各种各样的事情，为了暂时地脱离这种影子，人们需要幻想来暂时地安慰自己，那就是逃避现实。这样的心态会在撒谎时不断地暗示自己幻想中的那些美好记忆，不断地暗示自己一定要坚信自己所说的话，最后导致了撒谎的癖好。

3. 源于一种心理障碍

在生活中，有一些具有精神分裂的人，比如精神错乱、幻听、幻视等，他们所说的语言、表达的行为是比较恣意妄为的，这与那些正常的撒谎者是不一样的。这样的人心里实际上没有什么杂念，喜欢想到什么就说什么，夸夸奇谈，总喜欢吹嘘自己，而他们在大脑潜意识里根本没有撒谎的概念。他们撒谎，只是一种精神疾病，一种心理障碍。这样的人心是虚的，表现得却是镇定自若，十分坦然。

犯罪心理学家认为，一个人在说谎的时候除了会做出各种各样的小动作加以掩饰之外，还有一种情况是我们不曾料到的，那就是大部分撒谎者都会是一副正襟危坐、大义凛然的模样。实际上，这是不难解释的，这表示撒谎者比平时更加注意思考，想寻找一个圆谎的万全之计。而在平时的生活中，当一个人在思考的时候，往往会尽可能减少肢体活动，集中精力地思考问题。

犯罪侧写师在长期的实践中得知，假如我们需要知道对方是否在撒谎，那就不露声色地旁观。所谓"旁观者清"，就是说我们需要站在旁观者的立场上，平心静气，比较客观、准确地，多角度、全方位地观察。因为一个善于撒谎的人只有在没有戒备心理，不以取悦的心态进行乔装打扮时，所展现出来的才是较为真实的自己。

155

当然，旁观法还需要面对面地直观，这样才能做到正面接触，通过直接"交锋"而获取对方的认识，假如观察对方只停留在表象上，一些本质的东西往往就难以准确把握。

识别撒谎的笑容

笑是人们生活中用得最多的表情之一，因为生活中不能没有笑声，没有笑，人们就容易患病。然而，那些形形色色的笑容并不都是发自内心的。嘴角上翘、眼睛眯起、露出笑容，这就是笑容。不过，在这些常态的笑容背后，到底映射着什么样的心理活动呢？在微笑中，我们如何才能看穿对方的真语与谎言呢？

人们在撒谎时为什么会露出笑容呢？或者说，为什么会借助笑容来掩饰自己呢？当人们在说谎的时候，第一感觉就是不要被人发现，因为撒谎本身对别人而言是有欺骗性的，但如何才能掩盖自己那些不小心露出的微表情呢？笑容，也只有笑容才能掩盖那些微表情，在人们看来，笑容是毫无威胁性的，如果自己在撒谎时露出笑容，那不仅仅可以骗到对方，而且还能够让对方对自己产生好感。所以，在生活中，我们不要总认为笑容都是善意的，而是需要读懂笑容背后的秘密，比如，有的笑容是用来掩盖谎言的。

早上，小张上班时在电梯里碰到了经理秘书小雯。小张想起了昨天的考核，心想，经理的秘书肯定知道结果，不妨问问她，自己心里也好有个底。

于是，小张打了个招呼："早啊。"小雯礼貌地回应："早。"小张接着说："这两天很忙吧。"小雯回答说："是的，你们最近正在考核，好多资料都需要收集，所以每天还得加班。"听到这样的回答，小张高兴了，原来她估计真的知道考核的结果呢。接着，小张有些兴奋地问："那你肯定知道考核结果了，你知道我的情况怎么样吗？先给我透露透露，我也好放下心。"小雯笑了："你们的考核结果是机密，这样的事情我肯定不知道了，我只是负责收集资料。"小张有些泄气："肯定是你自己不想说。"小雯笑了，回答说："我还真的不知道。"

电梯到了，一脸抑郁的小张走了出去，紧接着小雯也走了出来。出了电梯，小雯舒了一口气：真危险，再说，我可要露出破绽了。原来，小雯知道考核的一些事情，但这个事情是经理再三交待的，不等总的结果出来，不能随意泄露。为了守住这个秘密，小雯只好假装一副笑脸，在小张面前撒谎了。

当人们想要撒谎的时候，他们会想着找一个很好的掩饰物，这样自己在撒谎时才能镇定自若。而在上面这个案例中，小雯所借助的就是一张笑脸。当她在微笑的时候，潜意识里告诉自己：我只是在微笑，我并没有撒谎。以至于自己真的撒谎了，她也会觉得自己没有撒谎，于是乎，撒谎变成了一件极其正常的事情，她就不容易露出破绽了。

有人说，所谓的日本式微笑，也就是职业性的微笑，皮笑肉不笑，这不是发自内心的笑。众所周知，日本人喜欢微笑，微笑几乎已经成为了日本人礼仪中不可或缺的部分。有很多旅行日本或者到日本旅游的游客深有感触，比如在街头问路，不管是男女老少都会微笑着给你指点方向，如果是到商店买东西，即便你只买了一个面包，售货员也会微笑着跟你说"多谢，欢迎你下次再来。"

对于如此普遍的"微笑"服务，却有心理专家称"这是典型的假笑"。

假笑，顾名思义，也就是情绪与表情不一致的表情，这表示当事人在撒谎。那么，通过对方所露出的微笑，我们怎么知道对方是在撒谎还是说的是真话呢？对此，心理学家将为我们揭开这神秘的面纱。

1. 真笑的表情呈现

心理学家认为，真正的笑容是嘴角上翘、眼睛眯起，这时面部主管笑容的颧骨主肌和环绕眼睛的眼轮匝肌同时收缩。这是因为真心露出的笑容是自发产生的，不受大脑控制。因此，除了反射性地翘起嘴角之外，大脑负责处理情感的中枢还会自动指挥眼轮匝肌收缩，这样使得眼睛变得很小，眼角自然产生了皱纹，同时，眉毛也会倾斜。

2. 假笑的表情呈现

心理学家提醒朋友们，虚假的笑容是通过有意识地收缩脸部肌肉、咧开嘴，抬高嘴角产生。这时，眼轮匝肌不会收缩，因为眼部肌肉不受人的意识支配，只有真的情绪出现时才会发生变化。当然，在生活中，有的人假笑很夸张，他的面部肌肉会收缩，整个脸挤成一团，给人造成一种眼睛眯起来的假象。不过，这时如果你仔细观察，就会发现其眼角的皱纹以及倾斜的眉毛是没办法伪装的。

3. 真笑与假笑的区别：眼睛和嘴巴

心理学家认为，在谎言快要被揭穿的时候，人们会习惯性地选择以微笑来蒙混过关。同时，还会出现这样的现象，当一个人在撒谎的时候，他的笑容是特别多的，理由在于撒谎者的内心很不安，他希望凭借微笑来缓和自己的紧张情绪，当然，这种虚假的笑容会掩饰自己的谎言，以及达到套近乎、笼络对方的目的。

真笑与假笑的区别在于：正常的笑容，通常都是先从微笑开始的，然后慢慢带动眼睛。虚假的笑容，嘴巴和眼睛则是同时动作，或者是嘴笑眼不笑的表情。

美国加州大学心理学家保罗·埃克曼教授和肯塔基州大学的华莱

士·V. 法尔森教授经过多年研究，设计出一套识别面部表情的编码系统，能够成功破解人们的真实表情，包括真笑和假笑。通过大量实验证明，内心喜悦所产生的自发笑容，与故意收缩面部肌肉所引起的假笑是不一样的。

说谎者有哪些微反应

犯罪心理学认为，一般来说，高明的罪犯都善于掩饰和隐藏自己，而其实，只要他们作案，就会留下蛛丝马迹，而这也是侧写师协助破案的突破点，同样，生活中，只要我们细心地观察，对于那些说谎者，我们也能通过对方的言行举止发现谎言的秘密。因为，即便是最高明的说谎者，他也会出现"百密而有一疏"的情况。通常情况下，说谎者不外乎就是把自己的谎言掩藏在言行举止中，只要掌握一些如何辨别谎言的技巧，我们就会清楚地判断出对手是否在说谎。在谈判过程中，我们的对手往往是将自己的真实内心包裹起来，而呈现在我们面前的是一张虚假的面具，甚至，即使他嘴里说着谎言的时候，如果我们不仔细观察，也很难察觉。

那么，说谎者经常用到的掩饰方式有哪些呢？下面心理学家就简单地介绍几种说谎者常用的方式，以此来看穿对手的谎言。

1. 撒谎的人喜欢触摸自己

心理学家发现，那些说谎者在撒谎时会下意识地抚摸自己身体的某些部分，其实，说谎者在撒谎时越是想掩饰自己的内心，却越是因为这些细微的动作而暴露无遗。当我们对那些说谎者进行仔细观察之后，我们会发现，他们在撒谎时会借助一些身体语言，比如，触摸自己或身上的衣物，掩口、摸鼻子，或者不断地拉扯自己的衣角，等等。

掩口：说谎者为什么会想要捂住自己的嘴巴呢？其实，这是由于说谎者的大脑潜意识里使他不想说那些骗人的话而导致的下意识动作，如此细微的举动可谓是"欲盖弥彰"。另外，当我们在谈论某些事情的时候，对方却捂住了嘴巴，这表示着他对你所说的并不感兴趣，只是不愿意当面表现出来而已。

摸鼻子：有的说谎者在撒谎时会摸自己的鼻子，有可能他们本来是想捂住自己的嘴巴，但觉得这样的举止不太合适，通常就会在鼻子上摸几下，以此来掩饰自己捂嘴的动作，其目的就是为了掩饰自己在撒谎。不过，并不是所有摸鼻子的人都在撒谎，一般而言，说谎者触摸鼻子的时间很短，而且，力度很轻。

拉扯自己的衣角：通常情况下，人们说谎会引起心理上的不平衡，如此，就会导致交感神经功能的微妙变化。在那一瞬间，他们会下意识地拉扯一下自己的衣领或者衣角。这时候，如果你细心地观察，就会发现对方的情绪处于十分紧张的状态，随时都有可能会爆发出来。

2. 虚假的笑容

在说谎的时候，那虚假的笑容就成为了最好的伪装面具。有可能我们的对手在撒谎，那么，我们可以通过对手的笑容来判断其心里的真实想法，因为说谎者脸上所挂的始终是虚假的笑容，他们的笑容没有办法牵动眼部的肌肉。

3. 表情的闪现

一般情况下，每个人维持一个正常的表情会有几秒钟的时间，它所呈现在脸上的时间既不会太长也不会太短。而对于一个说谎者来说，在他们伪装的脸上，真实的感情会只会在脸上停留极短的时间。而且，大部分的说谎者会把自己伪装的面部表情维持或短或长的时间，一般而言，任何一种表情如果持续的时间超过了10秒钟或5秒钟，大部分都可能是假的。有的人会极力掩饰自己的愤怒的表情，他们尽量使自己的表情呈现出一种相对稳定的状态，比如面无表情；而有的人则恰好相反，他们会使自己伪装出来的表情长时间出现，比如在整个谈判过程中都挂着虚假的笑容。

4. 脸色发红

面部是人们最为直接的身体部位，也是最容易暴露的部分，它是人们传递情感信息的最重要的部分。有的人在说谎时脸色会发红，如果有人将他的谎言识破了，他会显得更加紧张，甚至，会导致面部充血，使脸色皮肤呈红色。

犯罪心理学家提醒我们，那些善于伪装的说谎者除了上面介绍的几种方式外，还有其他一些表现，比如平时沉默寡言，突然变得口若悬河；在谈话过程中露出惊恐的表情却强作镇定；说话时闪烁其词，口误比较多；对你所怀疑的问题，过多地一味辩解，装出很诚实的样子；精神恍惚，不敢与你目光接触。在交流过程中，只要你能够细心地观察对方的言行举止，那就很容易判断出对方是否在说谎。

撒谎的人喜欢摸鼻子

人的鼻子有没有身体语言，学者们看法不一，有人说有，有人说没有。在人的五官中，鼻子和耳朵是最缺乏活动的部位。因此，很难从观察静态的鼻子读出对方的心理。但是鼻子也有自己的"语言"，美国芝加哥的嗅觉与味觉治疗与研究基金会的科学家们发现，当人们在撒谎的时候，一种名为儿茶酚胺的化学物质就会被释放出来，从而引起鼻腔内部的细胞肿胀。科学家还通过可以显示身体内部血液流量的特殊成像仪器，揭示出血压也会因为撒谎而上升。也就是说，一般情况下，那些喜欢撒谎的人都喜欢摸鼻子。

犯罪心理学家也认为，当人们撒谎的时候，一种名为儿茶酚胺的化学物质就会被释放出来，从而引起鼻腔内部的细胞肿胀。因此，说谎的人往往非常喜欢触摸自己的鼻子。

我们先来看下面的故事：

小张是刚到公司的新员工，但似乎有点小偷小摸的坏毛病。

这天，当大家下班后，小张还想在办公室上一会儿网。正巧，他看见了主任办公室的门还开着，好奇心使他悄悄地进去看了一下。巧的是，办公桌的抽屉也没有上锁，里面放着厚厚的一叠钱。面对金钱的诱惑，小张还是没能抵挡得出，于是，他顺手牵羊，拿走了几张百元大钞。并且，他很有自信地认为，没有人会发现。

但实际情况并不是如此，第二天一大早，主任就在办公室嚷嚷起来了："你们谁偷了我办公室的钱？办公室怎么还有这样偷偷摸摸的人啊……"但没有一人承认，其实，主任也听说小张的手脚不大干净，但没有证据，也不能说明什么。这时候，主任秘书小王想出了一个招儿，能看出钱到底是不是小张偷的。

下班后，小王看见小张要离开公司，赶紧追上去问："今天下班去干什么呀？不回家陪女朋友？"小王故意试探性地问。

"她在老家呢，不需要我陪。"小王分明看见，小张在说这句话的时候，下意识地摸了一下自己的鼻子，他明白，这是一个人人在心虚时常会做的动作，恐怕小偷就是小张这件事八九不离十了，于是，接下来，他试探道：

"哦，对了，刘主任的钱被偷了，你知道吧，也不知道谁干的，每个人好像都又不在场的证据，我昨天和刘主任一起出的门，周大姐也说跟你一起下班的，真不知道是谁干的。"小王在说这些话的时候，偷偷看了一下小张的反应，果然，小张很慌张地借过话茬："是啊，周大姐还跟我一起去喝了杯东西呢。"

"嗯，周大姐也说是你请他喝了一杯柠檬水呢。……"小王就和小张这么聊着聊着一起离开了公司。

后来，快分开的时候，小王突然问："小张，昨天你和周大姐喝的什么呀？"

"苹果汁啊，我最爱这个了。"小张随口一答，说完，他才知道自己说错了。

秘书小王让偷钱人小张不打自招的秘诀在于：他先试探小张，发现他摸了自己的鼻子，这是撒谎时会做出的下意识动作。于是，接下来，他再编造出了周大姐这个中间人，故意为小张制造出一个不在场的证据，而当小张对自己放松警惕，他再问这个问题时，小张却回答错了。最终，小张不打自招，也只好承认了偷钱的事实。

西班牙研究者发现，人说谎时脸部会变红，鼻子会发热，甚至还会有一点膨胀。说谎者会觉得鼻子不舒服，不经意地触摸它。说谎者的回答还会变得简短，伴有摆弄手指、下意识地抚摸身体某一部位等细微动作。

这是一个妻子看完美剧《别对我撒谎》后的描述：

这是我看过的最有意思的一部美剧，在看完它之后，我开始用电视剧里提到的各种方法来分析我老公说话时的动作和语气等，以此来探知他是否在对我撒谎。我记得上周五，那天傍晚，他打电话回家说要加班，我听出来他说话的语气不对，这分明是在撒谎，语气里闪烁其词。可是，我装作不知道，我要看看他有什么可隐瞒的。

于是，我准备给他来个突然袭击，便来到他单位楼下等他，他出来后，我就继续跟踪他，我发现，他原来是跟他的那些酒肉朋友去聚会了，他瞒着我，大概是知道我不喜欢那些人吧。晚上他回到家，我假装什么都不知道，拉过他的手问他："今天是不是很辛苦？工作完成了吗？"他摸了摸自己的鼻子，说："我努力工作都是为了让你过上更好的生活，不辛苦。"

这位女士是大度的，在对于生活中丈夫的一些无伤大雅的谎言并不在意。的确，如果我们都能检讨一下对方为何要对自己说谎，让自己也更完善。不过若是在原则性问题上撒谎，你就要判断是否要采取进一步的措施了。

可见，观察是否摸鼻子确实是一个有效地辅助我们鉴定对方是否说谎的手段，当然，我们不能就因此断定什么。要记住这样一个规则：单纯的鼻子发痒往往只会引发人们反复摩擦鼻子这个单一的手势，而和人们整个对话的内容、频率和节奏没有任何关联；但如果这之间存在某种联系，你就必须对他的谈话内容加以警惕了。

笑得越复杂，越容易发现真相

在人的所有表情中，最常见的一种表情应该是"笑容"。在人际交往中，人们对于微笑是最没有抵抗力的。但是，谁能知晓，在笑容的背后或许是另外一张脸呢？笑容也是分为很多种的，犯罪心理学家通过仔细观察，发现人们的笑容有很多种，比如微笑、轻笑、大笑、羞涩的笑等。微笑是指不露出牙齿的笑容，这是一种会心的笑法，有默契的暗示或者表示出事不关己的态度。通常情况下，微笑都是一个比较善意的表情；轻笑的时候露出了上牙，嘴唇稍微裂开，这样的笑容一般出现在招呼新朋友的时候，作为打招呼的一种；大笑通常是人们非常开心的时候所展示的，上下门牙全都露出来，并且发出了爽朗的笑声；人们在显得不好意思的时候，就会轻抿小嘴，露出一个羞涩的笑容。当然，这些微笑都是不具备杀伤力的，在这里，我们所需要讨论的是另外一些隐藏着秘密的笑容。

然而，犯罪心理学家告诉我们，笑容也分真假。笑容所反映的是一种真实的情绪，产生于可以拉动嘴角向上的面颊肌肉。笑容出现的时候，面颊会朝上扬，眼睛下皮肤会垂下，眼角会出现鱼尾纹，眉毛会下降。而且，真实的笑容所持续的时间只能是二三秒至四秒之间。这才是最真实的笑容，如果不出现这样的面部表情，那只能证明笑容是虚假的。那些虚假的笑容，或者不是发自内心的微笑，在它们的背后都隐藏着不可告人的秘密。有的人是笑里藏刀，有的人是在撒谎，有的人是企图以虚假的笑容掩盖真实的内心。

下面，心理学家就来揭开人们那些笑容的假面具，分析其真实的心理动机。

1. 笑里藏刀

心理学家告诉朋友们，千万不要以为那些喜欢笑里藏刀的人，就是"整天低着头""不敢去正视别人的眼睛""目光畏缩隐藏"。其实，并不是这样，现在很多笑里藏刀的人都已经脸皮厚到不会轻易心虚了。

但他们还是有一些特征的，主要表现在面部表情上面。比如，笑起来的时候，显得不够放松，举止轻浮，言语中有一些不检点的成分；眼光虽然看似真诚，却四处游离，没有办法长期定位；他们唯恐自己的话语中有漏洞，一不小心说错话，因此他们所说的话都是经过大脑认真思考的。

2. 皮笑肉不笑

有的人的笑容显得很假，皮笑肉不笑，他们的笑容并不是发自内心的，而是作出来的。这样的笑容一般出现在一些老谋深算的高层人士脸上，他们大多比较有心机，做事也显得很沉稳。

3. 憎恨时的笑容

有时候，人们在愤怒或憎恨的时候同样会微笑。那是因为他不想把内心的欲望或想法暴露出来，就强力克制住自己愤怒的情绪，勉强露出一个微笑。在与人相处的时候，如果轻易地流露出愤怒、憎恨、悲哀以及恐怖等神情，很容易招来很多麻烦，影响人际交往。所以，很多人都是通过微笑来压抑负面的感情，表现出来喜悦和愉快的神情。

4. 说谎的笑容

心理学家认为，说谎者常常是带着虚伪的面具，因此他们的笑容也是虚假的，他们会利用自己伪善的笑容来掩饰自己的谎言。美国匹兹堡大学的心理学教授杰夫里·考恩认为，"我们可以说出每块肌肉动了多少次，它们停留多长时间才变化的，对方的表现是真实还是伪装的"。无论你面对的人是在撒谎还是心虚，你都可以通过对方的笑容来判断对方心里的真实想法，因为说话者虚伪的微笑在几秒钟就能戳穿他们的谎言。

心理学家告诉我们，真正的微笑是均匀的，它们在面部的两边是对称的，它来得快，但消失得慢，因为它还牵扯了从鼻子到嘴角的皱纹，以及眼睛周围的笑纹。而那些说谎者伪装的笑容则来得比较慢，而且它们出现在面部时是有些轻微的不均衡的，当一侧不是太真实时，另一侧想做出积极的反应，而眼部肌肉没有被充分调动。这一点我们可以通过观看电影或电视来发现，那些电影中的坏人经常露出的笑容是既冰冷，又恶毒的，所以他们的笑容永远到不了眼部。

第 11 章

人脉打理，解读朋友们的无意识行为

　　我们生活中的每个人，都有一些自己的"熟人"，要么是朋友，要么是同事，你可能认为自己很了解他们，事实真的是这样吗？有时候，面对那些朝夕相对的熟人，你可能也会感到迷惘，他的性格是怎样的呢？他到底爱好什么？事实上，有时候，从朋友们的一些无意识行为中，比如穿衣习惯、工作方式、小动作等，我们也能找到了解他们的突破口。

吸烟如何暴露对方的真性情

在我们周围的朋友中，相信有不少人是有抽烟习惯的，你注意到他们的抽烟姿势了吗？其实，这一看似再平常不过的行为，也能帮助你更好地了解他们。我们先来看下面的故事：

某公司招聘一名会计，在众多的应聘者中，招聘主管挑中了一个身材瘦小、看起来其貌不扬的男士。

对此，公司有些人觉得很奇怪，这天，主管和几个朋友在公司餐厅吃饭，大家谈到这个问题。

"我们知道，您是智慧的化身，选那个人肯定有您的道理，但我们真的很纳闷，那天那么多人，有哪个长得不比他好，学历和经验比他好的人也多的是。再说，我那天居然还看见他在公司厕所抽烟，这样的人怎么适合在我们这样大的公司工作？"

"你还挺细心的，居然留意到他抽烟，不过，我告诉你，我就是看中了他抽烟。"

"什么？公司不是禁止抽烟的么？你别卖关子了。"

"其实，他也不算违反公司制度，他是在厕所抽烟，并没有影响到其他同事，那天面试中途我去上厕所，便留意他了，我发现，他的抽烟动作是这样的：他不怎么敲烟灰，烟灰已经很长，却不以为意，我曾看过一本心理学书籍，书中说这样的人是谨慎的，这不是会计工作者最重要的素质吗？"

"道理是这样的，但您真的就这样凭一个动作就录取他？"

"当然不是，在后面的面试过程中，我还问了几个前面公司会计遇到的问题，他的答案真的出人意料，我想，我的判断是对的……"

这则应聘故事中，招聘主管看似莽撞的一个决定，实则是有一定原因的，因为他从此人的吸烟动作中判断出对方的性格，然后，在具体的应聘过程中，他还对对方进行了一定的考验，结果表明他的判断完全是正确的。

的确，习惯动作通常会把人的一些无意识的欲望表现出来。肢体语言很多时候透露的信息要更加准确。因此，一个人如何吸烟，以及事后如何处理香烟的行动，可以反映出他自己处理欲望的态度，也能表现出他的性格。

美国著名心理学家J. 福斯特对吸烟的分析最为生动。他对一个吸烟者的分析分为5个部分。

第一，持烟的方式。

夹在食指和中指的指尖上。这是常见的持烟方法。性情比较平静、踏实，爱表达自己，亲切自然。但是，不足之处在于容易随波逐流，缺乏决断力和意志力。

夹在食指和中指的指缝里。你是个行动主义者，自我意识很强，不太善于协调人际关系，因此容易引起误解和反感。

拇指、食指和中指拿着。性情较为冷一些。头脑聪明，工作作风干练。不过，有的时候你的骄傲、自我会让人不快。

第二，吸烟的方式。

叼在右端。思维敏捷，能够迅速下决断，行动出手很大胆，常常出其不意。

叼在左端。你的思绪很多，计划性强，有城府。

在嘴唇的中央向上衔着。爱慕虚荣一些，即使有踏实的外表，也难免去做超出自己能力范围的事情，并自食苦果。

在嘴唇的中央向下衔着。你的理性远远大于感性，做事决不会强人所难。很踏实，喜欢按着自己的节奏去推进事情。

嘴上叼着烟，手的动作不停。对自己非常自信，而且，业绩的确很突出。对自己的生活现状和工作比较满意，并且充满了希望。

咬烟头，用唾液湿润烟卷，多见于男性，性格中依然残留着不成熟的幼儿习性。

第三，喷烟的方式。

把烟喷向自己面前的人的方向。乐于挑战，无视对方的存在，在对方有攻击心理的时候，常常这样。

把烟往下吹。努力不想把烟弄到他人身上。对人际关系非常细心和在意，对人态度温和，属于温厚型的性格。

第四，抖灰的方式。

正抽得起劲，频繁地把烟灰抖到烟缸里。做事认真，有一点神经质。即便烟灰很短，也要抖落，你的精神压力多来源于不能轻松对待事情，过于紧张地把握。

烟灰很多才会抖落。缺乏足够的精力，本质很小心翼翼。

周围有不吸烟的人的时候，就把烟朝上，是个非常仔细的人。

第五，掐灭烟的方式。

敲打烟头，把有火的部分在烟缸里弄灭。你是慎重派。缺乏自己的主张，总想藏在别人的背后，附和他人。

把烟很直地按在烟缸里捻灭。不会感情用事，做任何事情都很界限分明。把工作和娱乐、恋爱和婚姻分得很清楚。

把烟头折成两段弄灭。性格开朗，但有时难免倾覆，说话不算数的时候多。

把烟头折成三半以上弄灭。看起来很认真的样子，你对异性的影响力不小，善于游说异性。

把有火的一部分弄成一个球捻灭。性子比较急，思维常常武断。容易出小错。

火没掐灭也不在意。爱撒娇，好恶明显。以自我为中心，缺乏协调性。

向烟灰缸里倒水。既有对自己要求完美的一面，也有不修边幅的时候，容易走两个极端。平日里很沉静，但行动起来非常迅速。常常让同事吃惊。

可见，吸烟的时候是一个人的心灵无意识张开的时刻，你如果掌握了必备的心理学常识，就可以抓住对方的心理特征。当然，吸烟对身体不好，最好规劝你的朋友尽早戒掉吸烟的习惯。

笔迹背后藏了怎样的心理密码

日常生活中，我们每个人都会或多或少地需要写字，这就涉及一个人的笔迹，提到笔迹与心理，可能人们都会想，这二者怎么可能有关系呢？但实际上，对于他们，我国乃至欧洲早有学者进行研究过，这就是为什么生活中人们常说"字如其人"。可见，一个人的个性心理与其字迹是有一定关系的。

另外，犯罪心理学家认为，笔迹作为人们传达思想感情、进行思维沟通的一种手段，像其他人体语言一样，是人体信息的一种载体，是大脑潜意识的自然流露。为此，侧写师们经常能从一份笔迹上猜测出书写者的性格特点、心理等，而且成功的几率可以达到60%~70%；这一点，让它也已经成为很多用人单位招聘员工的一个潜在考察点。

例如，在美国，已经三百多家公司在聘用人才时，接受笔迹学家的意见，他们认为，通过笔迹，可以看出应聘者在求职时的心理状态，并且利用这一点还能做到人尽其才，按照每个人不同的性格安排工作，更能发挥他们的专业才能。

我们再来看下面的应聘故事：

李捷经人引荐，得到了去一家时尚前沿杂志面试的机会。这天，她精心打扮了一下：白衬衣、粉红短套装裙，精美的妆容，总之很漂亮，出门前家人都认为她这份工作肯定没问题了。

但中午的时候，李捷回家了，却一副沮丧样，家里人问怎么回事，原来问题还是出在了李捷的笔试上——她的字太潦草。

原来，事情是这样的：

李捷应聘的是杂志文字编辑一职，她和其他几位应聘者一样，都带上了自己的文稿，但这几篇文稿文笔相当，面试官不好决策，就咨询主编。巧的是，这位主编是个典型的"老古董"，习惯了古老的考试方式，并且，他认为，一个人的字写的怎么样，很大程度上体现了他的知识素养，于是，他针对时尚界的一些问题，出了一些题目，让这些应聘者现场书写答案。结果，这位主编对李捷的试卷的评论是：字迹潦草，观点模糊。

后来，这位主编留下了一位字体漂亮，尽管还资质尚浅的年轻人。这让很多同来面试的人觉得不服气，但他们也只能和李捷一样，自叹自己没有练好字。

这里，我们并不能认为这位主编选用人才的方式就正确。但我们不得不承认的是，很多时候，人们会根据对方字体判断对方的知识水平和文化素养，尽管人们已经都普遍使用办公设备工作。

　　关于笔迹学，美国著名的心理疗法专家威廉·希契科克的研究已经有二十多年，并藏有4万份笔迹档案，从中他得出了一些具体的结论：

　　一个人的性格、心理状态和逻辑思维能力等很多方面都在笔迹上有所体现，具体来说，我们可以从这些方面来看：

　　根据字体大小看，字体写得过小则是有观察力和会精打细算的人，字迹过于紧凑则具有吝啬和善于盘算的性格；字体写得过大的人是举止随便、过于自信和做事比较草率的人。

　　根据笔迹是否均匀看，一个人的笔迹若不均匀，那么表现他可能是脾气暴躁、嫉妒心强，甚至是喜欢搞小动作、小阴谋的人；一个人笔迹轻重均匀适中，则表现书写者是个性格平稳、成熟稳重的人，交代给他的事，他一般都会努力完成。对于下笔很重者，则有可能是内心敏感者。

　　从字体结构来看，字体方正的人，一般都是做事严谨、记忆力强、认真的人；而反过来，字体方圆、在大小、长短等方面有变化的人，则多半是适应能力强、善于与人打交道者。

　　根据字体的形状看，字写得有棱有角的人，一般都是个性鲜明、立场坚定的人；反过来，字体圆滑者，多半也和他的性格一样，他们为人随和、老练，善于笼络人心。

　　从字体是否有变化看，在笔迹上总是追求更新颖的人，多半也是勇敢的、爱冒险的人；而在字里行间起伏不平的书写者富于外交手段，善于发现别人的弱点；书写时越写越往上者是个乐观主义者，而越写越往下者则是个悲观主义者。

另外，我们还发现，生活中，有些人在写字时，因为喜欢他人的笔迹，他们会刻意模仿对方，这种人一般都能独当一面，很可靠；在书写阿拉伯数字的时候，有些人会写的很美、这样的人一般内藏心机，能做到喜怒不外露和能沉着应付大事。

总之，不同性格的人在书写时候，在字体的大小、形状、字的模仿性等方面都完全不同，了解这些，能帮助我们看到他人的内心心理活动，从而帮助我们决定怎样与人交往。

整理文件的小习惯暴露了你的性格特质

现代社会，我们要进入职场参加工作，就必须要与各式各样的文件打交道，文件对于任何个人乃至企业的重要性都毋庸置疑，我们也常常被那些纸张弄得焦头烂额，如果你是个细心的人，那么，你会发现，在你周围的同事乃至上司中，同样是整理纸张，不同的人会有不同的做法，这也暗示着每个人的不同性格。我们下来看下面的故事：

秦琼今年才三十岁，毕业六年时间，在毕业的同学中，他可谓是事业有成，目前，他已经开了一家自己的广告公司，还有一间印刷厂，这几年，公司业务很多，秦琼忙得不可开交，最近，让秦琼更烦躁的是，跟了他三年的秘书小李因为怀孕休假在家，不能来上班了，无奈，秦琼只好再招了一个女秘书小王。

然而，就在上班第一天，秦琼就注意到这位女秘书好像有点奇怪。

平常，公司的一些文件都是交给秘书整理和保管的，这天，当小李和小王把工作交接完后，小王便开始投入工作了。

因为家事，秦琼这天来的比较晚，当他进入办公室的时候，已经快十点了，他看到小王在整理过去的一些文件，秦琼心想，这个新来的女秘书真不错，工作还挺认真、努力。

后来，秦琼从她办公室的玻璃窗看到，小王好像一上午都在整理，也许是工作效率慢吧，秦琼这样想着。可是，让他感到奇怪的是，接下来的一下午，她依然在重复那些工作，秦琼开始怀疑，这个女秘书会不会有强迫症呢？于是，接下来，他准备去测试一下，他打电话对小王说："小王啊，你帮我找今年六月份的营业额表格，一会儿送到我办公室来。"

"好的，秦总，您稍等。"

秦琼留意到，小王在找到那份文件后，又重新把之前的文件整理了几次，这下，秦琼可以确定自己的想法了。于是，当小王送来文件后，他尝试着问小王："小王，你有没有意识到自己在整理文件时有点怪呢？"

"我知道秦总的意思，我知道的，我有强迫症，一直在治疗，这周末我还约了心理医生，请您放心，我不会影响到工作的。"

"是这样啊，那我的担心多余了，我以为你没有察觉到这一问题，那你还回去忙吧。"

这则职场故事中，秦琼是个善于观察的上司，从反复观察下属整理文件这一行为，他发现小王有强迫症，当然，这一点，小王自己也清楚。

当然，我们周边的同事，并不是所有整理文件比较慢的人都有强迫症，但具体来说，我们可以根据他们的这一做事习惯来大致看出他们的性格特征：

有一些人，他们习惯性地把用过的文件用订书机装订起来，他们这样做，是为了防止文件丢失或损坏，这类人一般非常自信、善于观察思考，很少出错。看准一件事情后，就会坚持到底。平常生活中，他们领导力和控制欲较强，说一不二，甚至有些固执。

有一些人喜欢把文件、材料放在活页夹里，或者用夹子、曲别针等暂时固定，取用方便。这样的人比较灵活，为人处世比较谨慎小心，但他们并不自私，生活中，他们会首先考虑到他人的想法，甚至有时还可以迎合他人，他们自我要求严格，办事认真可靠。

另有一部分人，喜欢用胶水或胶带整理、固定文件。这样的人内心缺乏安全感，在他们看来，只有掌控好自己手中的物品，才能让自己心安。有时，他们疑心较重，总是担心事情没有办好，并用各种方法反复试探。

还有一些人，他们的办公桌上总是摆放了各种文件，当他们需要文件的时候，他们会在一堆杂乱的纸张中寻找，当他们意识到自己的办公桌需要清理时，才会整理一下，他们多数喜欢自由自在、无拘无束的生活，性格随意大方，生活和工作分得不是特别清楚，也不会给自己太大的压力，更不喜欢用规则束缚自己。与他们在一起，对方也常会觉得轻松、自在。

当然，需要注意的是，如同故事中的小王一样，如果一个人总是反复清点文件、物品，数几遍还不放心，则要警惕是否有强迫症。

总之，人们整理文件时的不同习惯，体现了人们不同的性格：喜欢把文件暂时固定的人，思维灵活多变，为人谨慎小心；喜欢直接装订起来的人，则一般都很自信、善于观察思考，很少出错；整理文件的小习惯也会暴露你的性格特质。

衣饰颜色是一种会说话的 "色彩语言"

我们都知道，在我们生活的周围是有众多色彩的，这些色彩或明亮，或晦暗，世界万物因拥有各种色彩而变得缤纷绚丽，画家们也一直在用他们自己对色彩的理解来诠释这个世界，而现实生活中，从一个人的服装颜色，我们也能看出他人的内心情感。

心理学家认为，色彩在服装的外观表现上有着难以言喻的魅力，它不仅能体现服装的质感，更能体现出一个人的个性和风度，是一个人整体形象中最具情感特征的部分。心理学家埃卡特里娜·雷皮纳曾经这样阐述服装颜色与人类心理的关系："很多人还完全没有意识到颜色的神奇功能，事实上，通过不同颜色的服装，人们——尤其是女性可以更好地了解自己。"

所以，我们可以根据对方喜爱的服装颜色更加进一步地了解到对方的性情与内心：

1. 黄色

可能有些人会觉得奇怪，在你的朋友中，有个人好像特别喜欢黄色，你会看到他经常穿黄色的衣服，那么，这样的人有着怎样的心理呢？

心理专家称，黄色是一个心灵能量的颜色，它可以加速理想的实现，并能启发新的创意，但因为一般人不懂得如何挑选适合自己的黄色而给人一种愚蠢的印象。一个选择黄色衣服的人，通常是有着自己独特的见解和想法，富有高度的创作力及好奇心的人。他们心情欢畅，性格外向，精力充沛，做事自信、潇洒自如，说话也无所畏惧，不担心别人会怎么想。这类人具有冒险、追求刺激和新鲜的特征，无法忍受一成不变。

现在你是否觉得你的朋友确实是这样阳光的人呢？

2. 喜欢白色衣服的人

白色是一个纯净、没有任何杂质的色彩，于是白色也就象征着纯洁、神圣。在现实生活中，喜欢白色服装的人，往往是一个比较追求完美的人，但又有实际的一面。这一类人内心比较寂寞，他们渴望引起别人的注意和关心，甚至爱慕。他们不太喜欢别人无端的客套，所以在不熟悉的人眼里，他们是让人既爱又怕的对象。

3. 选择绿色衣服的人

绿色是生机盎然的色彩，它代表生命的诞生和延续。喜欢绿色衣服的人个性谦虚平实，善于克制自己，不爱与人争论，心绪不易烦乱，很少有焦虑不安或忧愁之感。和善、可亲是这类人最大的特色，而且他们对于自己不喜欢的人也不会刻意地排斥或疏远。这类人道德感强烈，个性直爽，而且是聊天的理想对象。

4. 喜欢蓝色衣服的人

在我们的日常生活中，蓝色是一种相当常见的服装色彩。喜欢这类颜色服装的人，一般比较喜欢宁静、自然，他们无忧无虑，善于控制感情，很有责任心。同时又富有见识，判断力强。这一类人的个性也比较固执，往往不达目的绝不会罢休。不过因为这个原因，他们往往也会固执己见，听不进旁人的意见。他们也不擅长交际，所以只能和志同道合的人进行小团体交流。

5. 选择红色衣服的人

红色使人精神振奋，但过度的红又会使人精神紧张、脾气暴躁。这类人大都是精力旺盛的行动派，不管花多少力气或代价也要满足自己的好奇心和欲望，会对自己专注的和感兴趣的事情投入百分之百的热情。但这类人往往缺乏耐心，一遇到挫折便会迅速地丧失原有的热情，情绪变化相当大。他们心直口快，说话做事不假思索，从不考虑别人的感受，也不在乎可能产生的后果，而且他们没有承担过错的能力和自我反省的勇气，习惯把责任归咎到别人或外在不可抗拒的因素中。

6. 选择粉色衣服的人

粉色是红和白的结合，带有白和红的两种性格特点，可以说是感性与理性结合，知识与天真并存。选择粉色衣服的人多是单纯天真的幻想家，有着纯洁如白纸般的心境，成天活在自己编织出来的世界里。他们比较感性，处世温和，常常想让自己呈现出年轻、有朝气的感觉，甚至希望在旁人眼中是个高贵的形象，散发着一股让人看到就很舒服的魅力，但却有强烈的逃避现实的倾向。

7. 喜欢黑色衣服的人

这一类人从表面上看可能会给人神秘、高贵以及专业的印象。但是，只要仔细观察，你就会发现，这一类人多是不善于社交的人，他们无非是用黑色来掩饰自己内心的紧张、不安、自卑或恐惧。他们喜欢用黑色来让自己显得更加的冷酷，以求在无形中给对方造成一定的心理压力。

另外，专家建议，当一个人心情不好时，最好选择穿一些色彩明亮的衣服。因为衣服的色彩也从很大程度上影响着人的情绪，也要注意适当的协调和搭配。当感到心情不愉快时，男性可以穿一件色彩明快的衣服，如浅蓝色，用以冲淡一些心理的暗沉感觉，而女性这时则可选择红色、玫瑰色、黄色和绿色等悦目的衣服来调节自己的情绪。

黄色给人温暖的感觉；蓝色让你摆脱烦躁的情绪，安静下来，遐想广阔的大海，心情也会像海一样宽广。而一身橙色的运动服，让你顿时阳光十足，充满活力。

总之，衣饰颜色是一种会说话的"色彩语言"，它传递人的心理状态、意向、性格、爱好、兴趣及身份等多方面的信息。掌握这种"语言"将会为你更加准确地看透对方增加一个更大的砝码。

留下良好的第一印象，让他人愿意与你交往

第一次和人交往的时候，一般从这个人映入人们眼帘的那一刻起，就形成了第一印象。在往后的交往过程中，人们对此人的第一印象会影响对其的各种评价。第一印象非常重要，在人们心里保持的时间也最长，这比之后得出的信息对整个事物发挥的作用都要强出很多倍。在社交心理学中，这被称为"首因效应"。

在社交活动里，第一印象特别重要。大多数时候，借助第一印象，我们就可以决定是否要和这个人深交。因此，在和人第一次见面的时候，如果多给对方留下正面而良好的印象，那么对方就更喜欢和你继续交往；如果情况相反，那么对方很可能再也不想与你有任何交流。因此，日常生活中一定不要忽略第一印象的重要性。

当然，对于一些不谙此道、不太注重"首因效应"的人，很可能会因为给人的"第一印象"不好而吃亏。

一天上午，潘岳赶到某公司参加最后一轮的应聘，主考官正是该公司的老总。临到考试时间快要结束时，潘岳才满头大汗地赶到了考场。老总瞟了一眼坐在自己面前的潘岳，只见他大滴的汗珠子从额头上冒出来，满脸通红，上身穿了一件红格子衬衣，加上满头乱糟糟的头发，给人一种疲疲沓沓的感觉。老总仔细地打量了他一阵，疑惑地问道："你是研究生毕业？"似乎对他的学历开始表示怀疑。潘岳很尴尬地点点头回答："是的。"接着，心存疑虑的老总向他提出了几个专业性很强的问题，潘岳渐渐静下心来，回答得头头是道。最终，老总经过再三考虑，总算决定录用了潘岳。

第二天，当潘岳第一次来上班时，老总把潘岳叫到自己的办公室，对他说："本来，在我第一眼见到你的时候，我并不打算录用你，你知

道为什么吗？"潘岳摇摇头。老总接着说："当时你的那副尊容实在让人不敢恭维，满头冒汗，头发散乱，衣着不整，特别是你那件红格子衬衫，更是显得不伦不类的，根本不像个研究生，倒像个自由散漫的社会小混混。你给我的第一印象实在是糟糕透了。要不是你后来问题回答得很出色，你一定会被淘汰。"

潘岳听罢，这才红着脸说明原因："昨天我来应聘时，在大街上看见有人遇上了车祸，我就主动协助司机把伤员抬上了出租车，并且和另外一个路人把伤员送去医院。从医院里出来，我发现自己的衣服沾了血迹，于是，我就回家去换衣服。不巧我的衣服都还没干，我就把我弟弟的一件衬衫穿来了。因为耽误了不少时间，我就拼命地赶路，所以，时间虽然赶上了，却是一副狼狈相……"

老总这才点点头说："难得你有助人为乐的好品质。不过，以后与陌生人第一次见面，千万要注意自己给别人的第一印象啊！"

对于很多年轻人来说，接近一个好机会并不难，难的是抓住这次机会。要抓住成功的机会，有时候只要一眼就够了，因为第一眼往往注定了结果的好坏。这个故事中的主角潘岳，差一点因为自己的不良印象而失去一份难得的工作，要不是该公司的老总能够看出他的真才实学，能够深入地了解他，恐怕他和这个公司也就无缘了。

一个人的外在形象对他能否获得成功的机遇也有很大的影响。生活中，有许多优秀的"千里马"，由于没有给"伯乐"们留下一个好的印象，而被认为是"普通马"，与成功的机会失之交臂。因此现代社会，很多年轻人都明白，在面试中，自己很可能会因为不得体的穿着和举止而遭到拒绝，因而在面试之前做好充分准备，保持自己的服饰整洁得体，对着镜子精心"演练"自己的一言一行……这各式各样的努力，都是为了给别人留下一个好的第一印象。

心理学家认为，由于第一印象主要是性别、年龄、衣着、姿势、面部表情等"外部特征"。一般情况下，一个人的体态、姿势、谈吐、衣着打扮等都在一定程度上反映出这个人的内在素养和其他个性特征。

穿着打扮的重要意义不言而喻，那么怎样才能做得好，才是应该注意的问题。

首先，要符合穿衣人的身份。身份包括几个特点：性别、年龄、职位和民族。就是说，要有正确的自我定位。

其次，要懂得扬长避短。每个人的身材都有优点，也有缺点。穿着打扮时一定要善于扬长避短。

再次，要知道区分场合。在穿着打扮方面，都会遇到这样一个复杂的问题，那就是需要面对的场合多种多样。实际上，主要可分为以下三个场合。

第一，办公场合。在这种场合下，要求的是庄重保守，这样才能显得你很稳重。

第二，社交场合。即是指工作之余的应酬时间，这时的穿着主要是得体大方。

第三，休闲场合。在这种场合不必太讲究穿着，只要让自己感到放松、舒适即可。

当然，穿戴也不应太过夸张，要尽量大众化。所谓大众化，就是自己的穿戴不要与他人格格不入，否则，就容易使自己显得很难堪。

最后，要记得遵守常规。这是指在穿衣着装时，也有些约定俗成的规矩。比如，穿西服时，全身的颜色不能多于三种；鞋子、腰带、公文包应尽量为同一颜色等。

第 12 章

职场潜伏，洞悉职场达人微行为的真意

　　身处职场，我们都处于复杂的人际网络中，我们不仅需要和同事打交道，还有可能要和上司、下属甚至面试官交流，不同的人有不同的性格、不同的行为方式，需要我们用不同的方式面对，而这些，我们都能从对方的一些微动作中察觉出来，总之，我们只有先做到洞察他人的性格并善加研究各色各样的人物，才能在职场中左右逢源、游刃有余。

小小办公桌，透视同事心理

身处职场，我们每个人都会有一张办公桌，我们每个人每天也都要和办公桌打交道，所以说，一张办公桌如同一本书。办公桌里有什么内容，主人也就有什么内容。我们完全可以从一个人的办公桌看出他的个性和对工作的态度。

心理学家认为，办公桌整理得怎么样，对方就有什么样的特征，从办公桌的特性，可以看出主人的真实面目。从某种意义上说，办公桌是我们办事条理性最直接的显示屏。对每一位待在办公室的人来说，办公室就像是一个大熔炉，其中，复杂的人际关系搞得同事之间无所适从。不过，要想识破同事的心理，有一种最简单的办法，能让我们轻松判断一个人的个性，那就是办公桌的摆设方式。

对此，心理学家做出总结：

1.桌面整理得井井有条，抽屉整整齐齐的人

一般来说，这样的人无论在工作还是生活中都是完美主义者，他们做事严谨，办事有效率，生活有规律。

他们珍惜时间，不把时间浪费在无谓的事情上，生活精打细算。在工作上，他们有自己的追求，并且踏实、本分，坚持不懈，凡事喜欢做规划，并且按照规划做事。然而，他们的缺点是，墨守成规让他们缺

乏灵活性，一旦遇到意外发生的事，他们很容易感到不知所措。也就是说，他们的应变能力会显得不足。

2. 桌面、抽屉乱成一团的人

一般情况下，这类人的性格和他们的桌面一样，显得很随性，他们不喜欢按常规做事，做事毛毛躁躁、粗心大意，也不善于管理时间，他们经常会在一堆文件中寻找自己需要的，因此，他们做事效率低，常常犯错误、出乱子。

另外，他们行事冲动，三分钟热度，做事马虎，缺乏长远计划。然而，他们随性的性格也为他们带来了好人缘，他们积极乐观，亲切热情、心无城府。给周围的人带来积极的能量，适应能力也比一般人强。

3. 在桌面和抽屉摆满了私人物品的人

他们会把自己的私人物品摆满整个办公桌。这样的人领地意识强，他们把办公桌当成了自己的领地。再有，这样的人往往公私不分，想问题和办事情常以自我为中心。不过，如果上司能把握这种人的个性，让他们从事能够发挥自己个性的工作，最后往往会取得意想不到的好结果。

4. 在抽屉里摆放　些纪念品的人

这类人一般比较重感情，虽然他们内向，没有多少朋友，但却十分看重与仅有的几个死党的感情。但正因为如此，他们常常会因感情受伤，甚至缺乏面对困难的勇气。

5. 桌面上收拾得很干净、整洁，但抽屉内却是乱七八糟的人

通常来说，这类人比较喜欢耍小聪明，他们不是没有智慧，只是喜欢投机取巧、喜欢做表面文章。他们性格大多比较散漫、懒惰，为人处世并不是十分可靠。在表面上看来，他们有比较不错的人际关系，但实际上，却没有几个人是可以真正交心的，他们内心很孤独。

6. 文件放置没有一定的顺序

这样的人大多做起事来虎头蛇尾，没有头绪。他们的注意力常被一些其他的事情分散，从而无法集中在工作上，自然也很难取得优异的成绩。

事实上，任何一个职场人，千万别以为办公桌是你个人"场所"，想怎么弄就怎么弄，精明的老板只要向你的办公桌瞟一眼，便对你的个性了解十之八九。腾出点时间，对你的办公桌稍作修整，无论是糊弄老板还是糊弄你自己。

因此，在日常工作中，不妨也把整理办公桌当成工作的一部分吧。不管你有多么忙，也要把办公桌收拾得整洁、有序。在每天下班之前，把明天必用的、稍后再用的或不再用的文件都按顺序放置好。保持这个习惯，你的工作也将变得有条不紊，简单而快乐。

那么，接下来，让我们一起为你的办公桌做个瘦身运动吧：

如果条件允许，你可以选择一个L形的办公桌，因为它有较大的工作空间，电脑也不会碍手碍脚。要用电脑时，转个四十五度角就行了。

如果你经常把电脑主机也放到桌面上，那么，有五成的办公区域都已经被浪费了，它会使你的工作面积变得很狭小，不妨尝试将主机放到地上，放在你的脚踢不到的地方。

主机这个笨重的家伙离开了你的桌面，还会觉得工作空间不够？接着清理吧！

扫视一下你的办公桌，那些东西真的是你所需要的吗？是不是有太多小文具，诸如铅笔、圆珠笔、公文夹、档案夹、订书机之类的东西，你的办公桌肯定有抽屉，将他们都扫进去吧！如果是公用的柜子，不妨在你的柜子上贴上自己的名字，这样就不会混乱。

再去看看你的文件架，将他们按照日期和月份都分开放，待办文件和已办文件也分类放置！

　　到了该喝水的时候了，不要否认，你肯定做过这样的事，原本你想去拿手边的一个东西，但却不小心打翻了咖啡，满桌子都是咖啡渍，甚至还洒到衣服上，你又气又恼，但有什么办法呢？这是你自己犯的错误！要不换一下咖啡杯吧？你可以选择一个带杯盖的，这样，不但能保证咖啡的温度，还能避免咖啡洒漏，另外，如果你的确是个笨手笨脚的人，那就买一个重量级、宽底小口、像金字塔般稳当当的杯子，它会老老实实地待在桌面上的。

　　是不是觉得有点不方便呢？再简单的办公桌还是要把那些必备文具用品摆到手边的。

　　现在看来，一切完美了，即使办公室突然停电，你也会找到你想要的东西。最后，为了让你的心情更好，你可以将你的爱人或者孩子的照片放到你可以看得见的地方，简化办公环境并不意味着我们不能保持自己的个性！

坐电梯时大家都在干什么

　　对于上班族来说，我们每天的第一件事就要奔赴职场，虽然，在这个路途中必然会经历拥挤，但上司才不会管这些，办公室里的打卡器依然在等着我们。如果迟到，那将意味着我们一天的薪水没有，所以，在上班路上，总是一副急匆匆的样子。等到紧赶慢赶，终于赶到了办公大楼，于是，我们可以在拥挤的电梯门口松一口气了。在这时，你或许会碰到办公室里的同事，或许还会碰到上司，但是，谁也没有留意到自己或同事的行为动作，他们光顾着打招呼了。

对此，心理学家说："人们在电梯门口时的一些行为、言语，从某种程度上透露了他们的内心世界。"所以，不要错过电梯门口的秘密，在松口气的同时，观察同事们的姿势，摸索其潜在的真实心理。

早上，小雅急匆匆赶到了办公大楼，这时，离上班时间还差五分钟，小雅在心里祈祷："希望自己能有一个好运气，电梯正好下来。"谁料，赶到电梯那里，发现满是拥挤的人群。小雅气喘吁吁，这时，站在旁边的同事已经向自己打招呼了："小雅，你来了""小雅，站这里，这里还有个位置"。

小雅一边忙着回答同事，一边观察着同事等电梯的姿势。因为昨晚小雅刚看了一篇文章，叫作"电梯门前看穿你的心理"，她希望能够更多地了解同事，借此与同事建立和谐的人际关系。她发现：办公室的老王老是不由自主地往返踱步，但由于人群越来越拥挤，他不得不在地上顿脚；而脾气急躁的李姐则抑制不住自己反复多次按压电梯钮，似乎这样反复按，电梯就能快点下来；而张哥则是认真地注视电梯楼层的指示数字，只等电梯门打开就立即走进去，一点也没注意到小雅正在盯着他看；还有办公室里的同事小晨，他低着头，看着地面，也不说话；而小雅自己则是环顾周围的人或物，或是不经意地昂着头瞧瞧天花板。

这样观察了一会儿，小雅心中有底了。

细致的小雅观察了同事们不同的姿势，以此判断出同事各自的心理。通过这样的观察和判断，她更好地了解了同事们的心理，相信在以后的工作中，她与同事们会相处得更愉快。

1. 低着头

有的人在等电梯的时候，头向下，看着地面。心理学家认为，这样的人沉默寡言，他们不太爱在人前表露自己的思想。但是，其沉默的背后却是一颗善良、淳朴的心，他们个性比较坦率，很容易相信别人，对于他人的请求从来不拒绝。在办公室，他们很受同事的喜欢，由于他们不善于拒绝，做事显得很没原则，属于办公室里的烂好人一类的。

2. 环顾四周

有的人在等电梯的时候，喜欢东看看，西瞧瞧，或是看身边的人，或是看看头上的天花板。心理学家表示，这样的人有较强的防卫意识，他们不会轻易地向他人展露自己的内心世界。在工作中，他们喜欢学习新知识，有着较强的求知欲。或许，他们的朋友并不多，但每一个都是最真的朋友。

3. 认真地注视着电梯

有的人在等电梯的时候，会认真地注视着电梯楼层的数字，只等着电梯开门。心理学家表示，这样的人比较理性，处事稳重。在日常工作中，他们不太愿意插手别人的事情，不喜欢惹麻烦，经常会给人一种漠然的印象。不过，由于很会办事，很受上司的信赖。

4. 反复多次按电梯钮

有的人在等电梯的时候，显得异常急躁，总是反复地多次按电梯钮，似乎这样能够使电梯的速度更快一点。心理学家分析，这样的人个性比较急躁，做事喜欢讲效率，时间观念很强。在公司里，他们的人缘很不错，由于个性随和，所以容易接近。不过，他们容易情绪化，时常会以自我为中心，一旦认定了某件事情，就会一直坚持下去。

5. 往返踱步或在地上顿脚

有的人在等电梯的时候，会不由自主地往返踱步或在地上顿脚，心理学家表示，这样的人心理比较敏感，甚至，略带神经质。他们有着丰富的内心世界，对于身边的人和事能够洞察清楚，当然，他们对于自己的直觉和判断力是从来不否认的。在生活中，他们比较感性，颇有艺术气息。

心理学家认为，一般而言，人们在等电梯的时候，不可能一直保持"立正"的姿势，不同的人在同样情景下可能会不自觉地有各种反应，而那些看似随意的行为却透露了人们心中的奥秘。

刁难者内心到底在想什么

无论在哪个公司或企业，都有这样一群惹人讨厌的人，他们喜欢刁难他人，似乎看着身边的同事难受是他们最大的快乐。如果说刁难是为了严格要求工作，但对于他们这样的人，即使在工作之外，他们也是没一副好脸色，经常是一副爱理不理的样子。或许，在你我身边，都有这样的同事，他们就像是无孔不入的苍蝇，到处乱钻，惹人厌。试想，无论是多好脾气的人，遇到这样的同事，应该也是火冒三丈。本来，工作已经够乱了，他还处处不饶人，破坏了同事之间和谐的合作关系，最后，不仅工作难以完成，而且，彼此也会搞得很不愉快。那么，这样处处刁难我们的同事到底怀着怎么样的心理呢？

小王向朋友抱怨："我有个同事，脾气格外特别，我平时跟她打招呼，她从来不理睬我。而且，仅仅是对我而已，对其他的同事倒显得很正常。但因为工作的原因，我每天都要跟她接触很多次，我是出纳，她是负责开票的，我们在工作上必然会有交集。每天看到她那张脸，我本来的好心情就变坏了。"朋友细心询问："有可能是你得罪她了。"小王一片茫然："没有啊，我一直也认为我应该是做错了什么，她才会这样对我，但令我百思不得其解的是，我们之间根本没有发生过什么啊。"

停顿了一会儿，小王回忆了自己初到公司的情景："去年七月我来到现在的公司，任出纳职位，由于我的前任是因挪用公款而入狱，那确实是一个非常时期，整个公司的气氛都很紧张。当时，就是她来向我交待诸多事宜的。当时，我是刚接触这个行业，可以说什么都不懂，交接工作的时候，她跟我说了一大堆流程，按理说，我这个职位相当于四个单位的出纳，所涉及的事情相当复杂，我承认，自己的接受能力并不强，开始的时候总是出错，而每次出错的时候，她都会很大声地批评我，说一些很难听的话，虽然当时我心里很难受，但我并不介意，觉得自己的确有错。后来，我的工作进入了正轨，我心里对她充满了感激，经常友好地跟她打招呼，可是，她根本不搭理我。现在，我每天都要面对她，感觉自己都快闷疯了。你说，我该怎么办啊？"

从小王描述的与同事相处过程中的疑惑，不难发现，在她身边的那位同事恰恰就是喜欢刁难他人的人。或许，我们并没有与他们发生过什么矛盾或纠纷，也不曾得罪过他们，但是，在职场的道路上，他们就像是那碍眼的绊脚石，处处给人难堪，不让人省心。究其心理根源，也是说不清，道不明，或是因为嫉妒，或是不自觉地把你当成了威胁者，或是本性使然，或是一贯的工作作风，等等。

下面，我们就一一来剖析刁难我们的同事的背后的真实心理。

1.纯粹是嫉妒

嫉妒是人类的心理弱点之一，在日常工作中，有的人能够克制住自己的嫉妒之心，但有的人却表现得异常明显。其中，有的同事就会将自己的嫉妒之心以及对你的敌对情绪表现出来，比如，他们会在工作中处处为难你，有可能策划案中的一点点小问题就需要喊你重做，但口头上他们会言辞凿凿地说："这是工作上的要求。"

2.一贯的工作作风

有的同事并不像前两者属于心理失衡，他们更多的是工作作风使然。有的同事对工作要求特别严格，他们不允许出一点点差错，如果你恰恰是一个工作不那么仔细的人，那么，肯定会成为他的"刁难对象"，或许，仅仅因为一个小小的失误就会将你留下来加班。对这样的同事，即使自己心中有委屈，但也要学会感谢他们，正是他们的刁难，才锻炼你的工作能力。

3. 把你当成潜在的对手

有可能你进入公司，表现得越来越出色，他那见不得别人好的"眼红病"发作了，不自觉地把你当成了潜在的对手。同样是工作一个月，如果你的业绩超过了他，他就会恶语相向，寻思着找到你工作中的漏洞，并把它当作"情报"贡献给上司，目的就是让你吃吃苦头。本来，在公司上班，同事之间就不可避免地会成为一种竞争关系，同事有这样的心理也是正常的，但如果他们将这样的心理转化成了为难他人的理由，那确是不太恰当的。

在日常工作中，我们身边总有那些乱嚼舌根的同事，甚至有的人还会在领导那里打小报告，放冷箭等，各种层出不穷的刁难招数令人防不胜防。这些居心叵测的同事到底是为何刁难我们呢？只要我们仔细观察其细微行为，定能知晓其真实心理。

喜欢双手叉腰的同事内心强势

在我们工作的周围，你是否发现个别或一些同事，他们总有个标志性动作：站在他人身边，他们总喜欢双手叉腰，那么，这类人的性格是怎样的呢？

犯罪心理学认为，双手叉腰，在很多文化里都表示愤怒、挑衅，或者辅助质疑，总之，在身体语言里，双手叉腰都是一种强势符号。

对此，我们不妨先来看下面的职场故事：

某幼儿园招聘老师，这天，有两位应聘者来到了园长办公室，一男一女，看过二人的简历后，园长很满意地点了点头，因为他们都有好几年的从业经验，但两名都很优秀的应聘者让园长也犯愁了：现在幼儿园只需要一名老师，该选谁呢？

不过，丰富的识人经验让校长最终淘汰了那个看似很温柔的女孩。事后，很多其他老师不明白园长为什么这样选择。

"难道是因为幼儿园都是女老师，需要调剂一下？"有个老师这样开玩笑。

"好吧，跟你们分享一下，他们两个人都挺优秀的，但那个女孩可能不大适合和小朋友相处，在他们来到办公室后，我就留意到她的一个姿势：总是用手叉腰，即使坐下来，她还喜欢这样，我以前阅读过一些识人心理方面的书，这类人一般都有强烈的控制欲望和支配欲。当然，我不能仅凭这个动作给一个人下定论，后来，我研究了一下，她虽然做了很多年的幼儿园老师，但在每个幼儿园做得时间并不长，最长的也不过三个月，我想，她是一个爱好幼儿园工作的女孩，但叮能在与孩子的相处过程中并不愉快吧……"

这则案例中，这名幼儿园园长是善于识人的，在发现应聘者有叉腰这一习惯性动作后，他初步判断出对方是个强势的人，然后，通过对对方简历的分析，他更确定自己的判断。的确，一个与孩子相处不好的人又怎么适合做幼儿园老师这一工作呢？

从这一案例中，我们不难得出，双手叉腰，双肘向外，这是古典体态语，象征着命令，同时也意味着在与人接触中，他更希望自己可以支配别人，有强烈的领导意识。

另外，在某些场合，叉腰姿势导致了对别人的冒犯。例如，第二次世界大战结束时，在接受了日本人的投降后，道格拉斯·麦克阿瑟将军站在日本天皇旁边，拍了一张照片。天皇站在那里，小心翼翼地把双手置于身边，不敢造次，而麦克阿瑟将军把手置于髋上。日本人把这个漫不经心的姿势视为大不敬的标志。

我们可以看出，当你与别人聊天时，你的一些小动作很容易泄露你的潜在态度。当然，在某些情况下，双手叉腰也能帮助我们宣誓主权和自己的立场，让我们看起来更有支配性。

那人们这一动作的心理动因是什么呢？从起源上来看，可能是源于面对敌人时，把双臂张开或者叉在腰间，而扩张自己正面的面积来恐吓敌人。这只是一种猜测，但是自然界中有很多生物都是以这种方法御敌的，所以不排除这样一种假设。假设成立的话，现代人习惯性地做这种姿势，表明他是一个生活上强势的人，在各个方面或者某一方面咄咄逼人。但反过来说，这种姿势也可以传达在掩饰内心的不安和怯懦。很简单的道理，越是内心不强大的人，他越是会找出各种方法来掩饰自己，这是性格上的两个极端。这两种性格的心理动因都是相似的。

总之，我们能总结出一点：叉腰这一动作暗示的是强势心理，有进攻意味。职场中，与喜欢叉腰的人打交道，需要根据具体情况，找到具体的应对策略。比如，如果他是你的领导，那么，你最好顺从他，听从他的指示办事；而如果他是你的同事，那么，你不必忌惮他，不要被他的"花架子"所吓倒，你需要告诉自己：他只不过是只纸老虎，气场不足才会有这样的动作，进行这样的心理暗示，会让你更有底气。

火眼金睛，一步到位看透上司性格

在现实工作中，人们面对各种各样的上司，并且，常常会觉得与他们打交道是一件很痛苦的事情。在许多人看来，上司的很多言语行为是他们摸不透的，上司的很多做法在他们看来也是不知所云。其实，这主要的原因在于我们没能掌握一定的心理战术，无法真正地了解上司的意图。对于每一个上司来说，他希望自己的下属能够准确地领会自己的每一句话，甚至于自己做一个手势，下属就应该知道该怎么去做。这样的下属无疑是上司最喜欢的，也是最欣赏的。那么，这就需要我们在实际工作中能够从上司的一言一行，一举一动来透析其真实意图，准确领会上司的心思，以心理战术赢得上司的青睐。

在工作中，面对不同的上司应有不同的相处之道，既然你在上司手下做事，自然需要掌握应对的心理战术。

1. 工作狂类型的上司

这样的上司总是认为自己就是天底下最能干的人，他们大多有着充沛的精力，热衷于工作，并且希望下属也和自己一样工作，变成"工作狂"。面对这样的上司，我们的心理战术就是"甘拜下风"，在工作中时常向他请教，令他感觉到你对他的能力佩服不已，这样自然会得到他的赏识。

2. 霸道的上司

这样的上司会不断地要求下属这样做或那样做，在他们看来，需要不断地威胁下属，才能让他们好好干活。对于如此霸道的上司，我们必须时常让他感到自己的存在价值，如果他对你恶语相向，我们需要拿起勇气，适当地回敬，让他明白自己也不是好欺负的，并且，做好自己的本职工作，以此赢得他的青睐。

3. 优柔寡断的上司

这样的上司大多是多谋少断，经常是自己定好了决策，但只要下属提出一点点意见，他就会一次次地改变自己的初衷。这样的上司自然需要下属帮忙做一些决定了，作为下属，应该在让他不感到有失身份的前提下，与他商量一些对策，帮助上司作决定，再想办法让他朝着一个决策坚持下去。

4. 疑神疑鬼的上司

这样的上司每天都在怀疑下属们在办公室偷懒，他们热衷于在办公室玩"警察抓小偷"的游戏。面对这样的上司，最佳的方法就是及时给他递交工作报告，清楚地告诉对方你每天都做了些什么工作，打消对方的疑虑心理。

5. 挑拨是非的上司

有的上司喜欢在下属之间挑拨是非，制造矛盾，甚至，他们还喜欢在老板面前打下属的小报告。俗话说："害人之心不可有，防人之心不可无。"面对如此类似于小人的上司，我们不能碍于情面而一味忍耐，在适当的时候，找准时机，当面揭穿，然后主动找老板说明情况，让大家了解事情的真相。你要相信，老板会对自己的企业负责，当他得知自己下面的人是如此之人，定会采取相应的措施的。

6. 模糊型的上司

有的上司在嘱咐工作任务时含糊不清，没有明确具体的要求，你可以理解成这样，也可以理解成那样。可是，一旦你真正按自己理解的意思去做了，上司反而会责怪你做错了。面对这样的上司，我们在接受工作任务的时候，一定要问清楚具体的要求，并把这些要求记录下来，让上司核对后再着手进行。如果上司没有明朗的态度，比如说"你看着办吧"，作为下属，应该想办法诱导对方有一个明确的态度，你可以说

"你的意思是……"得到明确答复后，你可以进一步延伸："如果是这样，那就会……"

7. 健忘症的上司

有的上司比较健忘，经常会颠三倒四，有可能前一天才说过的事情，第二天就忘记了。面对这样的上司，作为下属，要不厌其烦地提醒他，比如，当他在讲述某件事情或发表某个观点的时候，你不妨多询问几遍，或提出自己的观点，以此加深上司的印象。

8. 喜揽功推过的上司

有的上司很平庸，没什么点子，但偏偏是这样的上司，却喜欢抢功劳推过。他们喜欢把下属的功劳全部装进自己的口袋里，不肯分出"一杯羹"，但犯了错却需要下属去承担，这样的上司自私自利。面对这样的上司，则需要刚柔并济，千万不能逆来顺受，否则，你就难有翻身之日了。偶尔与上司争论争论，在上司面前适当维护自己的利益并不是一件坏事，要让上司明白，做人是有原则的，自己的忍让也是有限度的。

职场中，我们会遇到不同类型的上司：有的上司性格温和，为人谨慎；有的上司脾气暴躁，做事草率；有的上司性格直爽，做事认真。其实，不同性格的上司，往往有不同的行事风格。对此，在日常工作中，我们要观察上司的行事风格，以此来摸透上司的脾气。心理学家认为，摸透上司的脾气，及时调整相处策略，在此基础上发挥自己的工作能力，是职场生存的重要原则。

参考文献

[1]杨姗姗. FBI犯罪心理分析术[M]. 北京：中国法制出版社，2016.

[2]文德. 微心理[M]. 北京：北京联合出版公司，2014.

[3]邓文明. 侧写师：用犯罪心理学破解微表情密码[M]. 北京：化学工业出版社, 2012.

[4]盛唐. FBI犯罪心理 [M]. 北京：台海出版社, 2016.

[5]哈杉，宋德标，赵曙光. 微心理：人际关系中的心理博弈策略实战版大全集[M]. 南京：江苏凤凰美术出版社，2017.